DU MÊME AUTEUR

ZOLA BIBLIQUE, Cerf, 2010.

LE COURSIER DE VALENCIENNES, roman, Gallimard, 2012.

MONSIEUR LORIOT, roman, Gallimard, 2012.

LE CENSEUR

CLÉLIA ANFRAY

LE CENSEUR

roman

nrf

GALLIMARD

À Jean-Pascal

Pourvu que je ne parle en mes écrits
ni de l'autorité,
ni du culte,
ni de la politique,
ni de la morale,
ni des gens en place,
ni des corps en crédit,
ni de l'Opéra,
ni des autres spectacles,
ni de personne qui tienne à quelque chose,
je puis tout imprimer librement,
sous l'inspection de deux ou trois censeurs.

BEAUMARCHAIS,
Le Mariage de Figaro (V, 3)

Admirez ce système qui commence par l'État et qui finit par un commis ! Si bien que cette espèce de balayeur d'ordures dramatiques, qu'on appelle un censeur, peut dire, comme Louis XIV : L'État, c'est moi !

Victor HUGO

L'homme se redressa subitement, posa sa plume avec précaution et fit quelques pas dans la chambre d'un air songeur. Il s'approcha de la fenêtre. La ville dormait encore. À cette heure matinale, le silence dominical et bourgeois de la rue du Bac emplissait si bien son appartement que lorsqu'il se mit à répéter à voix haute les quelques phrases qu'il venait d'écrire, les mots résonnèrent encore longtemps, frappant tous les meubles de la pièce, les boiseries, l'armoire, le paravent, le pupitre, la bergère et le lit.

Monsieur le Ministre,
Je me garderai bien de renouveler l'épreuve. Je m'en tiens au spirituel billet qu'elle m'a valu…

Sa voix s'éteignit au son d'*épreuve* et de *spirituel billet* puis ses yeux se tournèrent machinalement vers le ciel comme ils le faisaient toujours lorsqu'il réfléchissait. C'était un regard immobile, intérieur, presque retiré du monde (celui qu'il affichait aussi en public pour donner un peu de profondeur à sa concentration), un regard qui, dès que l'homme se retrouvait seul, était capable de se laisser porter, sans même y prendre garde, par le mouvement rapide d'un nuage ou celui de la branche couchée par le vent. C'était la seule façon pour lui de penser, de méditer et d'apprécier ses mots en silence. Son instinct de courtisan les soupesait avec l'adresse d'un orfèvre, flairant par avance (ou plutôt croyant sentir) tout leur effet. D'ailleurs à cette heure, les mots étaient tout ce qui lui restait pour se sortir de cette mauvaise passe.

Le refus du ministre l'avait mortifié.

La crainte de déchoir le tourmentait plus encore. Rien ne l'y avait préparé. Depuis toujours et notamment depuis son élection à l'Académie française, chacun s'empressait de contenter tous ses caprices — passe-droits, invitations en hauts lieux, villégiatures recherchées —, aussi ne s'était-il pas attendu au *non* du ministre, à un *non* aussi brutal, définitif, presque diabolique, qu'il vivait comme une récusation avant l'heure.

Il se maudit. Quelle idée aussi de vouloir intercéder en faveur d'une maîtresse, une petite comédienne, mauvaise de surcroît, capable de jouer les princes d'Orient avec des accents de soubrette ?... Quelle sorte d'orgueil pouvait encore l'inciter à se découvrir d'une manière aussi inefficace ?

Il était cependant assez clairvoyant pour reconnaître dans sa malheureuse initiative l'irrépressible manie qu'il avait toujours de vouloir mesurer l'étendue de son pouvoir aux privilèges qu'il distribuait aux autres, précédant parfois leurs demandes, anticipant leurs désirs, les suscitant même pour le seul plaisir de pouvoir les combler et être remercié en retour. Il savait parfaitement qu'il rendait moins service aux gens qu'à lui-même, poussé par ce terrible besoin de transformer tous les hommes en ses obligés ou toutes les femmes en ses maîtresses… Trop désireux de complaire à Mlle Bourgois, trop inquiet aussi à l'idée de la perdre, il avait dit *oui* à tout. *Oui* à l'augmentation de ses émoluments au Théâtre-Français. *Oui* aux rôles à venir. *Oui* à la lettre. Et elle l'avait habilement manœuvré. C'était elle qui lui avait suggéré la marche à suivre : puisque l'administrateur du théâtre était connu de lui et qu'il côtoyait aussi le ministre, il suffisait d'écrire directement en haut lieu pour que la chose fût rapidement réglée…

Mais pourquoi le ministre lui avait-il répondu *non*?

Sous l'effet de sa colère contre lui-même, son corps tout entier trembla. L'organisme ressentait avant l'homme le refroidissement de la pièce. Il se dirigea alors vers la petite cheminée d'angle et se courba pour attiser la bûche qui se mourait dans l'âtre, attrapa au passage quelques feuilles du *Moniteur* dont l'humidité, loin de faire repartir le feu, enfuma rapidement la pièce. Il se précipita vers la fenêtre, l'ouvrit brusquement et, pour assainir la chambre, se mit à battre l'un des vantaux d'un mouvement sec et rapide. Lorsque l'air fut suffisamment clarifié, il pencha la tête en dépit du froid glacial puis observa la rue encore silencieuse. De là où il logeait, il lui semblait dominer le monde. Ses regards pouvaient aussi bien survoler le nouveau zinc des toitures que plonger indiscrètement dans les intérieurs les plus proches. Et à tous les étages de son immeuble, il restait pour chacun *M. l'académicien.*

Il dirigea ses yeux vers le ciel auquel il sourit comme pour remercier le bon Dieu.

Le jour se levait et quelques lumières s'allumaient déjà aux fenêtres de la façade voisine. Il devina au fond d'une chambre, à la lueur d'une bougie, le profil mobile d'une femme puis le dos d'un homme encore ensommeillé. Quelques pas résonnèrent sur le trottoir. Il suivit alors des yeux une silhouette affairée qui contournait l'immeuble de l'angle. Une femme apparut sous le porche d'en face et s'arrêta pour couvrir plus chaudement encore l'enfant qu'elle tenait par la main. Ses gestes étaient rudes et peu maternels. Dans leur élan, ils soulevèrent presque la fillette du sol. Puis toutes deux disparurent aussi brutalement qu'elles étaient apparues. Les cris lugubres d'une corneille quittant sa branche attirèrent encore son regard : l'animal vola longtemps jusqu'à un autre toit rosi par le matin sur lequel il finit par se poser.

Ce fut soudain comme une révélation. Un triste présage. La corneille, la fillette, la mère, la silhouette affairée, l'homme ensommeillé, la femme mobile, la vie renaissait sans lui. Tous les êtres, hommes ou bêtes, continuaient de vivre sans lui dans la plus complète indifférence et, malgré tous les efforts qu'il déploierait, malgré toutes les charges, tous les honneurs, toutes les fonctions les plus prestigieuses qu'il se verrait confier, le monde entier existait sans lui et continuerait encore à le faire, indépendamment, et même, se dit-il, *malgré lui*. Il était temps d'exister. Immortel, ce n'était pas suffisant. Combien d'académiciens s'étaient réellement distingués ?

Il réfléchit encore et relut ses premières phrases. Il préférait décidément le mot d'*épreuve* à celui d'*expérience* car le premier suggérait tout ce que sa faute appelait de repentir. Le nom ne pourrait manquer son effet. L'homme hocha la tête avec résolution et s'empressa de retourner à son écritoire. Il s'agissait désormais de flatter avec tact.

Je m'en tiens au spirituel billet qu'elle m'a valu et que je garderai précieusement comme La Châtre garda celui de Ninon pour avoir le plaisir de le relire, non l'espérance d'en tirer parti.

Il sourit avec satisfaction, heureux de sa trouvaille. La Châtre et Ninon. La référence sonnait juste. C'était du moins ce qu'il croyait car il ignorait (et le ministre, par chance, ne les connaissait pas non plus) les circonstances dans lesquelles le billet avait été autrefois rédigé, cette fameuse promesse écrite de la main de Ninon de Lenclos jurant fidélité à son amant, promesse qui l'avait si peu engagée qu'elle l'avait trompé tant qu'elle avait pu et s'était moquée du *bon billet* que ce dernier tenait toujours à la main, comme une relique, avec la ferveur d'un croyant…

Il poursuivit.

Permettez-moi de vous remercier de votre refus exprimé avec tant de grâce : il vous sauve de moi et me délivre à mon tour des importuns…

Je ne vous ferai plus qu'une prière ; c'est de me continuer votre bienveillance, que je préfère à tout.

L'homme maîtrisait parfaitement son manuel du courtisan et allait jusqu'à remercier, par peur d'y perdre davantage, ceux qui le maltraitaient, qui « savaient plaire, disait-il, même en désobligeant », riait d'être mis à la porte, bénissait d'y avoir été mis « avec tant de grâce », se serait même senti flatté d'être giflé par le roi, toujours enchanté d'être le proscrit des plus grands, toujours ravi d'être expulsé comme un chien.

Un chien.

À ce mot, il sourit encore. Il en avait même bâti une légende. Lorsqu'un jour une petite fille du nom de Léonore, croisée chez Mme de La Briche, dans un de ces salons distingués de la société française, lui avait le plus ingénument du monde demandé pourquoi il portait le nom de *Brifaut*, celui d'un animal de chasse (elle avait rencontré le mot chez La Fontaine), il avait répondu que ses ancêtres étaient précisément des chiens mais qu'ils étaient devenus si méchants que le bon Dieu, pour les punir, les avait condamnés à devenir des hommes. La fable avait été applaudie et lui-même avait fini par l'adopter au point de la confondre avec sa propre histoire. Comme ses ancêtres, animés d'un amour naturel pour la servitude, il ignorait l'amour-propre ; il appartenait au maître qu'il s'était choisi et lui était d'une fidélité inaltérable : il obéissait à son roi. Il aurait mille fois préféré devancer la brimade en lui prêtant le flanc, en la recherchant ou en la désirant même peut-être un peu, plutôt que de la subir sans y être préparé. Et le gain était double à ses yeux : non seulement il maîtrisait la douleur en l'anticipant mais il s'imaginait en être un jour remercié au centuple.

Agréez l'hommage des sentiments respectueux avec lesquels je suis et je dois être, Monsieur le Ministre, votre très humble et très obéissant serviteur.

Paris, le…

Et il signa *Briffault* d'un geste énergique.

L'encre en séchant rougeoya un peu.

L'orthographe exacte était *Brifaut*, mais il l'avait changée, craignant la proximité avec le chien ou avec Diogène le cynique dont il avait lu, horrifié, toutes les œuvres dans la traduction de Racine, auquel il n'aurait pour rien au monde voulu ressembler, lui qui n'était ni fier ni cynique et qui ne méprisait ni les richesses ni les conventions sociales. D'ailleurs ce nom, en plus de l'évocation de ses crocs, était un peu trop simple à la lecture, sec à l'écrit comme à l'oral. Surtout, il suintait la roture. Il l'avait alors étoffé un peu en redoublant le *f* puis avait rehaussé sa terminaison d'une boucle minuscule, d'un *l* anodin qui renouvelait pourtant la signification du suffixe : *-ault* éveillait à lui seul des étymologies savantes, l'*-ald* germanique qui faisait de lui l'aîné d'une longue dynastie ou encore le latin *altus* qui le plaçait parmi les hommes les plus élevés. Ce nom — c'était ce qu'il se disait chaque fois qu'il le formait sur le papier — l'anoblissait miraculeusement. Il évoquait d'illustres cousinages, les familles les plus grandes, les plus anciennes et les plus instruites, celles des Perr*ault*, des Arn*auld*, des La Rochefouc*auld*, et le fait est que ce nom lui ouvrit toutes les portes, celles des salons et des châteaux, et fut choyé par toute la noblesse parisienne.

Il voyageait très peu. De Paris, dira de lui le docteur Cabanès, il ne connaissait qu'un quartier, le faubourg Saint-Germain, et qu'une seule classe, l'aristocratie. Et s'il quittait parfois sa rue du Bac, ce n'était que pour se retirer à Brunoy chez la marquise de Grollieu ou en Normandie chez Mme de Bouillé.

Pour l'état civil cependant, il restait *Brifaut*.

D'où tenait-il ce prestige ? Sa conversation si brillante fût-elle ne suffisait pas à l'expliquer. La réponse se trouvait ailleurs. On évoquait par-devers soi des origines mystérieuses, une naissance hors du commun, à la fois illustre et obscure, qui auraient fait de lui l'héritier indirect d'une riche baronne. Et l'homme par ses manières et son langage encourageait tacitement la rumeur. Il se fabriqua des quartiers de noblesse imaginaires en imitant les codes et en cachant scrupuleusement sa naissance. D'ailleurs, son physique avantageux l'y aidait. Ses cheveux noirs ondulés lui donnaient de faux airs de petit marquis. Et puis il soignait son expression. Il prononçait vulgairement, ce qui, paradoxalement, lui donnait une forme de distinction aristocratique, évidente, naturelle et presque sans affectation, *c'te femme* au lieu de *cette femme*. Il affectait toujours ce petit zézaiement «Ancien Régime», ouvrait à peine la bouche lorsqu'il parlait ou supprimait, à la manière de Richelieu, la lettre *r* de toutes ses phrases, si bien qu'il pouvait s'exclamer sans craindre le ridicule : *Ma pa'ole! Mais c't' une g'ande pe'te!*

En réalité, l'homme appartenait à une famille d'artisans. Il naquit dans la paroisse Saint-Pierre le 15 février 1781, à Dijon. Et son acte de baptême le dit «fils de Pierre Brifaut, sculteur [*sic*] et de Anne Nicolas, son épouse». Il eut pour parrain Charles Bordet, vinaigrier, et pour marraine Anne Richard, fille de Lazare Richard, intendant chez M. de Bourbonne. À côté de son atelier, son père tenait un cabaret dont il s'acquittait en 1784 par un impôt de quelque sept livres. Ses opinions royalistes obligèrent la famille à quitter la ville, et lorsqu'elle s'y réinstalla après quelques mois d'exode et une Révolution, un éboulement de la voûte de l'église emporta Pierre Brifaut et laissa le garçon orphelin. Deux jésuites se chargèrent de son instruction et il entra dans le monde aussi sûrement qu'un gentilhomme émigré revenu chez lui après un long séjour dans un pays lointain.

Il posa sa plume, releva la tête et se mit à contempler son petit univers. La lumière hivernale qui éclairait faiblement la pièce donnait aux choses une teinte bleutée. Les chinoiseries vertes du paravent viraient au mauve tandis que les plinthes et les portes pourtant peintes en gris étaient devenues bleues. Ces changements de couleurs qui le rendaient autrefois mélancolique étaient désormais vécus avec philosophie : il y voyait le signe que les événements, les objets ou les êtres pouvaient toujours être perçus autrement pourvu que l'on s'en donnât la peine et il ne doutait plus à cette heure que sa lettre, écrite avec le plus grand soin, adoucirait le mouvement d'humeur de « Son Excellence ».

Il tapota encore le pupitre avec contentement, tout en relisant une dernière fois la lettre avec l'impression mi-inquiète mi-satisfaite d'avoir accompli une chose de la plus haute importance.

Son estomac fit soudain entendre quelques borborygmes. Brifaut passa la main au travers de sa robe de chambre jaune en soie damassée et se palpa le ventre comme pour évaluer l'étendue de sa faim. À son contact, il jugea qu'il était temps de déjeuner et emprunta jusqu'à l'office un long couloir en forme de boyau.

L'appartement était vide.

Son traitement académique joint à quelques pensions diverses (une rétribution qu'il avait autrefois obtenue après ses représentations d'un opéra-ballet composé à l'occasion du mariage du duc de Berry, et une gratification de mille écus pour la création sur mesure d'une chaire d'histoire et de mythologie au Conservatoire) montait la rente de Brifaut à trente mille livres. Elle suffisait aux salaires de ses domestiques, à l'entretien de la table et de ses maîtresses. Le vicomte de Dampmartin lui avait de surcroît donné le titre de neveu *in partibus*. La duchesse d'Uzès elle-même l'avait couché sur son testament. Il s'était vu attribuer une rente viagère de douze mille francs et prescrire *par disposi-*

tion spéciale que l'on mît aux ordres de son bienfaiteur — Brifaut avait su recruter une troupe d'amateurs désœuvrés pour jouer dans le petit théâtre qu'elle avait créé de toutes pièces au sein de son hôtel particulier — une voiture à vie.

Le service de la maison cependant causait au maître beaucoup de soucis. Baptiste, le plus ancien de ses gens, était aussi le plus indolent. Avec le temps, il avait pris ses aises, négligeait sa tenue, et portait invariablement un gilet qui virait au gris ou encore une culotte élimée aux coutures. Et pour une raison que personne ne s'expliquait, un herpès gonflait fréquemment sa lèvre supérieure et formait sur le dessus une croûte répugnante. Chacun lui enjoignait de prendre soin de sa personne, de nettoyer ses plaies. En vain. On le retrouvait le plus clair de son temps avachi sur le sofa du vestibule, le nez dans *Corinne*, dans *Roland furieux* ou dans quelque roman interdit, qu'il dévorait avec une allégresse nonchalante — c'était seul qu'il avait appris les lettres — et qui l'autorisaient parfois, avec sérieux et religiosité, à débattre avec son maître de littérature et des grands de son temps. Il cultivait glorieusement ce laisser-aller car c'était ainsi, disait-il, que l'on se décrassait l'esprit — par le commerce des poèmes et des romans. Jamais il ne se disciplina vraiment. Brifaut se mettait parfois en colère mais gardait le plus souvent à l'égard de son valet une distance désabusée et une certaine affection qu'il prenait pour de la grandeur d'âme, convaincu de ce qu'il lui était en tout supérieur. Ce qu'il ne s'avouait pas, c'est qu'il craignait surtout de commander. L'invective ne suffit pas à se faire respecter. L'autorité se glisse parfois même dans les interstices les plus imperceptibles et les plus ténus de l'air ou du discours, si bien que celui qui n'en dispose pas naturellement est souvent incapable d'en reconnaître la cause : il y va d'une voix mal posée, d'un ordre donné sous la forme d'une question, d'une remarque à la cantonade, d'un regard évasif, pour que l'autre n'obéisse pas ou prétende n'avoir pas compris que l'instruction lui était destinée. Baptiste n'ignorait rien des réticences de son maître. Lorsqu'on le sonnait, il ne feignait même pas d'accourir, marchait lentement, traînait le pas, et dans toutes ses paroles affectait une politesse appuyée, insistante et presque insolente.

— Voilà dix fois que je te sonne !

— C'est que je ne vous ai pas entendu…

— Serais-tu sourd ?

— Si je suis ici, c'est que je ne le suis pas.

Malgré la lâcheté de leurs liens de domesticité, ou trop absolus ou trop familiers, les deux hommes s'étaient attachés l'un à l'autre, indéfectiblement. Baptiste était entré au service de son maître par nécessité et y était resté par admiration. Il avait en effet une sorte d'enthousiasme et presque d'exaltation pour les gens de lettres, et il n'était pas rare que, malgré sa position, il encourageât Brifaut lorsque ses séances d'écriture s'avéraient infructueuses. Il n'avait d'ailleurs pas non plus caché son inquiétude lorsque son protecteur avait été opéré du rein. La maladie l'avait même métamorphosé en infirmier attentif et vigilant, le veillant nuit après nuit, immobile sur sa chaise avec la constance hébétée d'une épouse dévastée par le chagrin. Les autres domestiques avaient pu alors mesurer quelle sorte d'attachement le liait à leur maître et l'on avait cessé de le reprendre sur son hygiène ou sa paresse. Sa face dégoûtante, disait-on, renfermait un cœur d'or. Et lorsque des visiteurs enjoignaient à Brifaut de se séparer d'un domestique aussi inefficace qu'insolent, l'académicien se taisait. Pour rien au monde il n'aurait voulu confier son intimité à un nouvel étranger.

Ce jour-là, Baptiste était en ville et Julien, qui conduisait toujours la voiture, parti réparer le sabot d'enrayage. Appelée en Province par l'une de ses sœurs malade, Rose avait sollicité puis obtenu un congé de quelques jours. Enfin Lison, la femme de chambre, avec les premiers froids, avait gardé le lit.

Ainsi, en l'absence du personnel, Brifaut arpenta la cuisine à tâtons et en explora les moindres recoins. Le domaine lui était parfaitement étranger. L'homme finit par mettre la main sur le café noir qu'il prépara et versa ensuite dans le seul service qu'il trouvât, celui réservé aux grandes occasions. Ce service à café surtout était le seul visible aux côtés du reste de l'argenterie sur la crédence du petit salon. Il rompit une miche de pain, décrocha de la solive la plus haute un saucisson, puis entama un fromage entier dans lequel il trancha un large morceau qu'il fit ensuite tenir en équilibre sur le poing. Il avait gardé de son enfance des habitudes simples que personne, en dehors de ses gens, n'aurait pu soupçonner. Il navigua alors, les mains pleines de sa collation, jusqu'au salon, fit partir un bon feu et, après avoir tiré au hasard (Baptiste ne l'avait pas correctement replacé) un recueil de poèmes de la vitrine centrale, s'installa confortablement dans son fauteuil. Il se frotta énergiquement les mains puis les tendit vers les flammes. Une généreuse gorgée de café le réchauffa encore. Il se sentait bien. Le petit salon jaune était sa pièce préférée. Le mobilier avait été choisi avec soin et Brifaut avait notamment fait l'acquisition récente d'un « écran-pupitre », sorte de petit secrétaire maniable et mobile dont l'écran rabattable lui permettait d'écrire au coin du feu tout en se protégeant le visage. Mais malgré le raffinement de ses meubles, Brifaut regrettait beaucoup que, ayant dû partir de rien, il n'eût pu hériter du moindre de ses ancêtres. À peine la duchesse d'Uzès lui avait-elle légué un couvert en or massif dont il avait encore l'habitude de se servir.

Tenant d'une main sa tasse, il ouvrit de l'autre le livre. Lorsqu'il en reconnut le titre, il sourit d'aise. Les *Méditations poétiques* de Lamartine. L'ouvrage le ramenait quelques années en arrière. Il avait autrefois croisé le poète dans les maisons les plus fréquentées de Paris sans que jamais ce dernier ne lui révélât son nom. Il ouvrit le livre par la fin :

Il est une heure de silence
Où la solitude est sans voix,
Où tout dort, même l'Espérance…

En relisant ces vers, Brifaut se souvint du jour où, s'étant procuré l'ouvrage chez son libraire, il avait subodoré que le recueil, précédé d'une réputation inouïe, avait été écrit par son « ami anonyme », mais il s'était fait croire, un peu à la manière de ces mélomanes qui identifient un compositeur non pas à l'oreille mais par de savants raisonnements, que c'était à son style et non par déduction qu'il l'avait reconnu. Puis il repensa avec regrets à ces réunions d'autrefois lorsque lui-même aspirait encore à une carrière de poète. Rédacteur au *Lycée français* et membre de la Société des bonnes-lettres, il s'était à l'époque entouré de la fine fleur de la jeune école — Hugo, Vigny, Deschamps, Soumet, Guiraud, etc. — qu'il invitait chez lui le matin, sans façon, autour d'une tasse de café et de quelques biscuits que Rose confectionnait à leur intention. C'était Hugo surtout qu'elle gâtait, parce qu'il ne manquait jamais de lui faire un compliment. Ainsi, tous les jeudis, chacun sondait-il l'auditoire avec de nouveaux vers. Cette « ruche » (c'était le nom que Brifaut avait choisi pour surnommer son cercle) venait là livrer tout le « miel de son génie ». Mais le succès rapide des uns, et notamment de Hugo, causa quelques brouilleries, et ces matinées littéraires de 1825 vécurent très vite leurs dernières heures…

Il se mit encore à rêver à son propre couronnement. Depuis une petite dizaine d'années qu'il s'était tourné vers le théâtre, le succès de son *Ninus II* l'avait définitivement installé dans le monde des lettres. Et depuis quelques mois, il préparait une nouvelle tragédie qui devrait encore conforter sa réputation. Il ferma les yeux, entendit les roues du char de triomphe, vit la foule se lever, l'acclamer, le porter aux nues, les duchesses se pâmer, Son Excellence s'incliner, le roi lui donner audience aux Tuileries… La gloire lui allait si bien.

Pourquoi donc le ministre lui avait-il dit *non* ?

Soudain un bruit formidable, venu d'on ne sait où, de la rue peut-être ou bien de chez lui, le fit sursauter. La tasse trembla et le café se répandit en partie sur le livre. Il jura entre ses dents. Ses yeux se posèrent sur ses genoux. Sans serviette à disposition, il utilisa le revers de sa robe de chambre pour éponger la tache, mais trois auréoles avaient déjà sali l'ouvrage et, malgré tous les efforts qu'il déploya, elles ne disparurent pas. Il s'aperçut qu'il venait en même temps d'abîmer la soie de son vêtement. D'où était donc venu ce bruit ? Il ouvrit la fenêtre, inspecta la rue et ne vit rien. Lorsqu'il retrouva son fauteuil, son regard se dirigea machinalement vers le miroir qui surplombait la cheminée. Son sang se glaça. Il aurait juré que quelqu'un se trouvait derrière lui, familièrement installé dans son fauteuil gondole et qui l'observait. Mais en se retournant, Brifaut ne croisa rien d'autre que les yeux du griffon sculpté sur le dossier gris. Il passa derrière le meuble, inspecta la pièce, contrôla les recoins de l'appartement. Lorsqu'il jeta un œil par la fenêtre, il remarqua que le ciel, soudainement bas et chargé de nuages irréguliers et mobiles, pareils à une nappe gris-bleu aux bords déchiquetés, annonçait de la neige.

Il n'était pourtant pas fou ! Quelqu'un était bel et bien là !

Il se regarda à nouveau dans le miroir. Qu'y vit-il ? Un homme mûr, la belle quarantaine, charmant, la boucle brune à peine blanchie sur les tempes, capable d'inspirer confiance même aux plus méfiants. Mais tandis qu'il s'approcha davantage de la glace, il constata que sa mine était en réalité défaite, un peu pâle, l'iris terne, virant au gris, et les cernes mauves. Il avait décidément hérité d'une nature bien mauvaise. Alors il jeta machinalement un œil à la collection des petits cailloux rénaux que le chirurgien était parvenu à extraire de ses entrailles. Ces habitudes extravagantes de collectionneur, il les avait conservées du temps où il vivait auprès du vieux Balthazar Sage, fondateur des Mines, qui professait encore la minéralogie à l'hôtel des Monnaies où les spécimens les plus étranges de la science jouxtaient son petit lit dressé tout exprès et nourrissaient ses fantasmes. Comme il souffrait depuis longtemps de la « maladie calculeuse », et ce malgré les litres d'eau de Vichy que le docteur de Cessac lui avait prescrits et qui avaient un peu raffermi sa constitution, il lui arrivait encore de se traîner jusqu'à l'Institut. Les pierres avaient toutes sortes de tailles, qu'il classait sur la cheminée selon leur grosseur et selon leur date, et il n'était pas rare qu'il les exhibât fièrement à ses visiteurs et même, en dépit de l'inconvenance, à ses visiteuses. Son corps, aimait-il à raconter, était autrefois pavé de ces mâtins-là comme une forêt de conte pour enfants. Mais aujourd'hui, fort heureusement…

Il s'interrompit dans sa pensée, prit dans sa main l'un de ses cailloux rénaux, le plus gros, et le serra très fort, frénétiquement, comme s'il avait voulu étouffer la mort, puis le reposa délicatement à sa place.

En s'observant davantage dans le miroir, il s'inquiéta. Était-il de nouveau malade ? S'agissait-il d'une rechute ? Ce n'était pas tant le dérangement en lui-même qui l'alarmait — accoutumé qu'il était à vivre jour après jour au rythme de ses maux, légers ou grands, des opérations, des visites du docteur, prescriptions, traitements, remèdes, dérèglements qui avaient rythmé sa vie depuis la disparition de sa mère et l'avaient douillettement conforté dans l'idée qu'il devait être une créature fragile, à part, et protégée des dieux — que la mort prématurée, la mort en pleine vigueur de l'âge alors même que son œuvre, son grand œuvre, n'était pas encore écrit. Il fixa une dernière fois son visage et voulut croire que la fatigue qu'il y voyait n'était qu'un des effets de son hypocondrie.

Il regagna lentement son fauteuil et jeta un regard vers la rue. La neige s'était mise à tomber silencieusement, blanchissant les arbres nus, les gouttières et les rebords de fenêtres sur les façades grises. Il s'imagina que cette épaisseur ouatée, douce et muette, devait un peu ressembler à la mort. Il grimaça puis reprit sa tasse. Le café était froid, le feu un peu éteint et le livre cassé en deux sur le bras du fauteuil portait encore sur la couverture trois taches pâles, bien apparentes. Le dégât l'abattit davantage. À la vue du fromage et du saucisson, il s'aperçut combien il était affamé. Plusieurs fois, il se retourna comme pour s'assurer qu'il était bien seul.

Il mangea sans plaisir.

Brifaut arriva avec beaucoup de retard chez la petite Bourgois qu'il logeait à ses frais du côté de la rue Vivienne. Il partageait avec le public un engouement pour celle que l'on considérait alors comme la plus jolie et la plus séduisante comédienne de la capitale. Et il est vrai qu'avec son minois juvénile, ses bouclettes brunes, ses grands yeux noirs et sa gouaille délicieusement vulgaire sa beauté faisait se retourner tous les hommes, les princes aussi bien que les postillons. Brifaut la rejoignait là trois fois par semaine et sa *déesse de la joie et des plaisirs*, ainsi qu'il la surnommait, profitait de ses assiduités, de son entregent et de sa prodigalité pour parfaire son éducation et ses entrées dans le monde. Son instruction avait été en effet si négligée qu'elle devenait souvent, et à son insu, la risée de tout le Théâtre-Français. Parce qu'elle escamotait tous les vers, malmenait l'alexandrin, *augmentait* par exemple au lieu de *remplir le nombre des Vestales* dans *Britannicus*, et restait en toutes circonstances d'une franchise désarmante, son répertoire se limitait à la comédie où elle excellait dans les rôles plus libres de soubrette. Plus aucun directeur ne voulait lui confier de personnage sérieux.

— J'ai bien cru périr ! s'exclama-t-elle en l'accueillant à la porte avec toutes les ardeurs d'une amante passionnée. Voilà plus de trois heures que je t'attends ! Ah çà ! Ne me fais plus ce tour-là !

Tout en la couvrant de baisers, Brifaut la supplia de lui pardonner. Il ne lui avoua pas que depuis le refus du ministre, par lâcheté, mais aussi parce que son incapacité à satisfaire sa demande d'augmentation entachait un peu sa virilité, il avait hésité à venir.

— Et que dit le ministre ?

Brifaut resta évasif et alla, contre l'évidence même, jusqu'à lui donner quelque espoir en la flattant :

— Mais Son Excellence ne saura refuser sa grâce à la *reine d'entre les belles*.

À ses mots, il sentit une lueur de gêne traverser le beau regard de la jeune femme, gêne qu'il mit sur le compte de l'impatience, de l'inquiétude ou du scepticisme.

Puis la coquette l'entretint, comme elle le faisait toujours, de sa taille moins fine, de ses jambes trop épaisses, de son teint moins coloré qu'autrefois ainsi que de la jalousie de ses consœurs pour lesquelles elle avait une aversion profonde. Brifaut aimait ce constant besoin que ses maîtresses avaient d'être rassurées car cela lui permettait d'user de sa rhétorique précieuse, de tenter, d'expérimenter, de tester sur elles les effets de certaines tournures poétiques qu'il introduisait ensuite dans ses tragédies.

— Laissons là les envieux et tâchons de *fermer ses oreilles au noir limon du monde*…

— Mais toi, comment me trouves-tu ?

— Vous me plaisez… Tu me plais. *Amour s'informe-t-il du reste ?*

Brifaut sortit ensuite d'une chemise la dernière tragédie qu'il venait d'achever : *Jeanne Gray*. Il lui présenta le sujet avec enthousiasme et lui en lut quelques extraits qu'elle écouta tout en bâillant beaucoup et en n'y comprenant rien. Lorsqu'il lui demanda ce qu'elle en pensait, elle eut cette réponse brusque et franche qui froissa durablement son amour-propre :

— Tes vers auront le sort des enfants gâtés. Leur père est le seul qui les aime !

La semaine suivante, Brifaut était attendu au Théâtre-Français. Il s'agissait de remettre sa pièce nouvelle au baron Taylor qui lui avait promis un entretien. Il rangea le manuscrit dans une chemise, jeta une redingote en drap de laine sur ses épaules, attrapa son chapeau et sa canne puis se rendit à pied à la Comédie. Il avait pris l'habitude de marcher chaque jour une bonne heure, le plus souvent sans but, pour la seule joie de flâner ou de méditer. Il fallait selon lui que « le corps s'agitât pour que l'esprit pût librement vagabonder ». C'était une philosophie de vie autant qu'une prescription médicale.

La neige s'était mise à tomber très fort.

Il serrait entre les mains son chef-d'œuvre et ne doutait pas, malgré les sarcasmes de sa maîtresse, qu'il serait bientôt accepté par le comité de lecture. Mais il appréhendait toujours la censure qui croyait déceler dans le moindre vers, y compris dans le plus inoffensif et le plus anodin, des allusions aux événements récents. Et pour des raisons qui lui semblaient encore inexplicables pour ne pas dire indignes, son *Ninus II* initialement intitulé *Don Sanche* avait été contraint de troquer son costume espagnol pour un autre radicalement étranger, venu d'Assyrie. L'Espagne, lui avait-on expliqué, était un terrain trop glissant. Il valait mieux pousser plus loin. Brifaut en avait été profondément affecté. Alors on avait, autant que possible, tenté d'atténuer sa peine en lui soutenant que le langage de la passion passait les frontières et les langues. L'Espagne ou l'Asie : quelle différence au fond ? Mais Brifaut était resté convaincu que la couleur locale de sa tragédie n'était pas accessoire et qu'elle en modifiait radicalement la portée. Il avait même versé des larmes de rage lorsque, au bout de quelques jours, on lui avait remis son texte estropié, des scènes, des tirades et des personnages entièrement supprimés. Et malgré le « triomphe » de sa tragédie (c'était elle qui lui avait assuré un siège à l'Académie), malgré les élans du public qui n'hésitait plus à le suivre dans la rue ou à monter sur les banquettes pour le saluer au spectacle, il restait profondément meurtri par la censure ainsi que par les critiques acerbes des seules autorités qui comptaient vraiment sur la place de Paris. Il gardait notamment le cuisant souvenir de sa rencontre avec le critique Geoffroy, un sexagénaire rond et en apparence obligeant qui, comme un Raminagrobis, l'avait attiré vers lui sur le canapé, lui adressant des compliments flatteurs, pleins d'encouragement et d'aménité, puis avait, au lendemain de la première, lacéré sa pièce. La conclusion de l'article l'avait crucifié : il fallait bien, ponctuait le commentateur, que, au milieu de « cet enthousiasme aveugle, quelqu'un protestât en faveur du goût ». Le *goût*. Le terme l'avait mortifié, lui qui se targuait de ne rien ignorer de la véritable distinction, c'est-à-dire des classiques. Un jour, alors qu'un de ses confrères lui avait parlé de Molière en des termes qu'il avait jugés impertinents et que lui-même s'était hasardé à contredire, l'autre s'était brutalement exclamé : « Auriez-vous la prétention de connaître Molière aussi bien que moi ? », ce à quoi Brifaut avait répondu : « Monsieur, je n'ai qu'une seule prétention, celle d'être poli. » Le trait avait eu son effet et concentrait à lui seul l'esprit tout entier de Brifaut : il avait plus de respect pour les anciens que pour ses contemporains et puisait servilement son inspiration chez Corneille et la métrique chez Racine, si bien que le jugement de Geoffroy sur sa pièce ne pouvait se réduire, d'après lui, à une *faute de goût*.

Brifaut serra plus fort encore sa nouvelle tragédie contre lui. Un vent puissant, en plus de la neige, s'engouffrait dans les rues de Paris. Et le ciel qui, au point du jour, donnait encore aux toits des teintes roses et joyeuses, s'était brusquement assombri dans la matinée pour laisser place à une violente tempête. Le théâtre n'était qu'à deux pas. La distance pourtant lui parut infinie. Depuis quelque temps, Brifaut avait la nette impression d'être suivi. Il se retourna, ne vit rien, se retourna encore et accéléra le pas. La rue silencieuse et déserte, piquée de flocons fourmillants et imperturbables, était aux aguets. Une nouvelle bourrasque se leva subitement. L'homme entendit alors le son mat et sans écho des souliers d'un promeneur qui marchait derrière lui. Il voulut voir. Mais le vent le contraignit à fermer les yeux. Lorsqu'il les rouvrit, les couleurs de la ville, sous l'effet des rafales, s'étaient effacées davantage. La brume avait brouillé les contours. Brifaut se retourna encore, tâcha de discerner une silhouette et ne vit qu'une ombre. Où était-il ? Il devina au nombre de toises parcourues qu'il venait d'aborder le pont Royal mais rien autour de lui ne semblait l'indiquer formellement. Notre-Dame noyée sous les flocons, le palais d'Orsay lui-même, pourtant là, devenu invisible, tout Paris semblait s'évanouir un peu plus à chacun de ses pas. Il leva ses yeux comme pour fixer un point tangible du ciel mais ne distingua rien. Ni toits, ni clochers, ni enseignes. Il crut se perdre lui-même. Il tourna ses regards tout autour de lui et fut brusquement gagné par un effroi qui frisa la démence. Il revoyait nettement les traits de cet inconnu croisé dans le miroir, familièrement installé chez lui, dans son fauteuil. Ses tempes commencèrent à brûler. Les pas se rapprochaient encore. Il se mit alors à courir, comme pour fuir quelque fantôme imaginaire, prit un chemin détourné, s'engouffra dans les rues. Sa course était gauche, sa tête faisait des mouvements inefficaces de l'avant vers l'arrière et ses forces l'abandonnèrent rapidement. Tout à coup, sa tragédie tomba sur le pavé. Les feuillets se répandirent aussitôt, soulevés par le vent. Brifaut sauta alors à droite à gauche pour limiter leur dispersion mais, malgré ses efforts, ne fut pas absolument certain de les avoir récupérés. Que ferait-il si son texte n'était pas complet ? Il en avait heureusement conservé le brouillon. Il reviendrait, se disait-il, tandis que le vent tournoyait autour de lui.

Dans sa détresse, il arrêta son attention sur un minuscule flocon de neige, au milieu de milliers d'autres, venu délicatement se déposer sur sa main. La symétrie hexagonale du cristal lui rappelait les petits losanges nacrés de son kaléidoscope anglais, avec ses arrangements renouvelés de structure, ses pièces inchangées pour des combinaisons infinies. Il s'agissait là d'un de ces rares exemples vivants de la formation parfaite de l'Univers, sublime, mystérieuse et pourtant si fragile : la vie idéale presque aussitôt disparue. Comment, songeait encore Brifaut en le considérant, la nature pouvait-elle abîmer, en un laps de temps si court, un tel génie de maîtrise ? Mais la beauté de l'étoile, bien plus brève que la rose des poètes, avait déjà fondu et Brifaut se souvint qu'il avait peur. Les pas de l'inconnu, malgré leur bruit assourdi, s'étaient rapprochés. Il se releva rapidement et détala comme un loup. Dès qu'il atteignit la place du Palais-Royal, il entra dans le théâtre en courant comme si le diable l'eût poursuivi, se présenta à la réception le souffle coupé et eût heureusement le temps de reprendre ses esprits avant l'arrivée de l'administrateur.

Malgré la gravité de son visage, le baron Taylor était un homme ouvert et affable. Son amabilité était telle qu'elle dissipa aussitôt les terreurs de Brifaut. La poignée de main fut chaleureuse, et avant de se mettre aux affaires l'homme proposa un verre de cognac. Brifaut, qui ne buvait pas — le docteur de Cessac était sur la question absolument intraitable —, refusa et se fit servir à la place un café bien serré. Le baron l'accompagna, se rappelant soudain, par complaisance pour son hôte, qu'un début d'angine lui défendait de boire la moindre goutte d'alcool. L'homme fréquentait souvent le monde. Ainsi était-il aussi habile dans l'art de mettre ses hôtes à l'aise que dans celui de la conversation. La voix grave, quoiqu'un peu empesée, Taylor s'adaptait toujours, ajustait le ton, l'expression, les thèmes à ceux des autres, quittait immédiatement un sujet dès qu'il sentait que celui-ci ne rencontrait pas d'écho ou bien était capable de passer sans transition et selon l'auditoire du registre sérieux au registre grivois, de la politique aux intrigues les plus crues, de la tragédie au vaudeville. Son œil toujours à l'affût le trahissait parfois. Jaugeant l'interlocuteur, il s'immobilisait, fixe et sévère, et à cet instant seul on pouvait reconnaître, derrière cette obligeance affichée, la ruse du négociateur. Il était le commissaire du plus grand théâtre royal de France. Sa tâche était avant tout politique. Et s'il éprouvait pour la plupart un dédain de classe, il le dissimulait si bien sous des extérieurs aimables et raffinés que chacun s'en retournait chez soi absolument enchanté.

Lors de son récent voyage en Égypte au cours duquel il venait de faire l'acquisition de l'obélisque de Louxor, le baron avait entrepris une importante collection d'objets anciens et son bureau avait rapidement pris des allures de cabinet de curiosités. Les yeux de Brifaut, pourtant accoutumés à ces sortes de fantaisies à l'hôtel des Monnaies, se posaient partout avec étonnement. Comme il arrêtait ses regards sur un instrument de musique, Taylor entama naturellement la conversation :

— Vous vous intéressez donc aux antiquités ?

Brifaut déforma la bouche en signe d'ignorance.

— C'est une harpe angulaire en cuir vert du Nouvel Empire. Comme toutes les harpes égyptiennes, celle-ci se tient verticalement. Voyez, compléta le baron en tendant un index professoral vers l'objet tout en mimant l'action, l'armature de bois se tient serrée contre sa poitrine et le musicien pince les cordes à mains nues... Nous n'en connaissons malheureusement pas la notation musicale... Mais *de vous à moi*, le son en est affreux !

Puis remarquant que son visiteur avait déjà détourné ses yeux vers d'autres recoins de la pièce :

— Mais j'ai assisté hier à un fort joli concert ! Chez Mme Lebrun que vous connaissez sans doute, n'est-ce pas ?

— Mme Vigée-Lebrun ? Sans doute ! Son salon était autrefois mon *quartier général.*

— Il ne l'est plus ?

— Avec l'âge, il faut savoir être sage et se retirer du monde...

— Comment donc, *à votre âge* ? Vous êtes fringant comme... comme... je ne saurais dire !

— Si j'osais, je vous dirais de ne rien dire ! répondit Brifaut en souriant.

— ... Il y avait là sa belle-sœur, poursuivit Taylor, une jeune femme très charmante, qui chantait elle aussi et l'accompagnait sur le piano, à livre ouvert. Mais entre nous, nous n'avions d'yeux et d'oreilles que pour Virotti... Savez-vous qu'il nous est revenu de Londres ? Quel tempérament ! Ce violoniste-là est un modèle de force et de virtuosité !

Brifaut se taisait. Absolument étranger à la musique, déclarant pour seul compliment (que l'on prête à tort à Hugo) qu'« elle ne le dérangeait pas », il avait pour habitude de ne jamais s'engager sur des terrains qu'il ne maîtrisait pas. Alors Taylor orienta habilement leur échange vers la peinture, dont il était connaisseur.

— Oh ! Vous savez, expliqua Brifaut, j'aime bien trop le silence pour quitter mes compagnons de retraite. Je veux parler des livres… Je suis un intrépide liseur. (Sentant soudain le besoin de se rattraper, il ajouta :) Mais il m'arrive cependant, en de très rares occasions, de goûter quelques toiles. L'une de mes amies…

Et l'académicien se mit à évoquer les sujets floraux de Mme de Grollieu dont il était l'intime. Il entama la description de l'un des tableaux qui lui ravissaient encore le cœur : une colonne votive au dieu Mars surmontée, en offrande, d'un vase débordant de fleurs. Le baron, qui était avant tout esthète, enchaîna sur une savante comparaison entre les écoles, l'ancienne et la moderne. Brifaut rappela fort à propos la diplomatie avec laquelle le peintre Gérard avait autrefois décliné le rôle de juré qu'on lui avait attribué de force à un tribunal révolutionnaire. Ce peintre de cour, protégé de David, ne pouvait décemment pas, disait-il, être soudain de l'*autre parti*. Taylor ne le contredit pas, bien qu'il sût de source sûre que c'était Gérard lui-même qui, pour éviter la conscription militaire, avait sollicité ce poste de juré au tribunal révolutionnaire auquel il ne siégea presque pas. Il savait aussi tout le mal que le « peintre des rois » s'était donné pour convaincre ses détracteurs qu'il ne s'était jamais compromis. Mais, parce qu'il est souvent plus bienséant de complaire à son hôte qu'à la vérité, le baron Taylor préféra se taire et laisser Brifaut rapporter son historiette par le menu, ou du moins ce qu'il croyait en savoir :

— … Car enfin, entre le refus et l'acceptation, c'est-à-dire, traduisit avec emphase Brifaut, entre la mort et l'ignominie, eh bien Gérard a opté pour la jambe fracturée ! Oh, l'aventure est fameuse : avec la complicité de son chirurgien, il a joué la comédie auprès de ses amis mais quelques jours plus tard, se croyant seul chez lui, il a été surpris en train de gambader dans les escaliers par l'une de ses visiteuses. La ruse antipatriotique devant ainsi le trahir, le peintre a cru que ses jours étaient comptés. Il a heureusement été bientôt rassuré par la dame : celle-ci lui a garanti qu'elle était bien trop myope pour l'avoir reconnu. (Brifaut mima la visiteuse d'une voix aigrelette :) « Soyez tranquille, monsieur Gérard, j'ai la vue basse et je ne reconnais personne ! » (Brifaut entraîna Taylor dans un rire bruyant de connivence.) Aussi le peintre a-t-il voulu immortaliser son ange gardien dans l'un de ses tableaux. Cette histoire, ponctua Brifaut, pourrait d'ailleurs servir à l'édification de bien de nos jeunes gens… et le théâtre lui-même, déviant alors le fil de la conversation vers le seul sujet qui le préoccupait vraiment, le théâtre lui-même pourrait, je dirais même *devrait* s'en emparer…

Taylor, qui avait parfaitement saisi le sens de cette remarque, posa alors sur la pièce des yeux graves et experts.

L'échange perdit aussitôt de son entrain. Le baron était redevenu administrateur et Brifaut n'était déjà plus un hôte mais un candidat. Toute la bimbeloterie égyptienne dont il se sentit soudain encerclé, et presque assiégé, avait pris un air de gravité.

Le titre, *Jeanne Gray*, ravivait les souvenirs de l'administrateur :

— La reine de neuf jours ?

— Oui.

— Quel est le sujet ?

— Marie d'Angleterre fait enfermer Jeanne à la tour de Londres, l'épargne puis la fait exécuter.

— Mais encore ? Le questionna-t-il à nouveau.

Le thème était bien connu.

— Voyez vous-même, s'excusa presque Brifaut.

L'homme ouvrit alors au hasard et lut à haute voix :

Allez, Crammer, Osvald ; retournez à vos maîtres :
Vous dont l'aspect ici ne m'offre que des traîtres,
Séditieux sujets, coupables novateurs
De l'autel et du trône indignes déserteurs,
Je ne le cèle point, votre audace m'étonne…

— C'est un peu classique, commenta-t-il, sans relever les yeux.

Le qualificatif n'était pas un compliment. Brifaut le sentit bien et songea à la remarque de Mlle Bourgois. Le directeur se garda même d'ajouter qu'il considérait son sujet comme résolument antidramatique. Mais le temps n'était plus où

Talma prenait paternellement Brifaut sous son aile. Depuis sa mort, le répertoire ancien patinait un peu et un air nouveau soufflait sur la Comédie-Française. Taylor y était pour beaucoup. Qui donc supportait encore les règles ? Souvent, le commissaire royal s'animait contre Aristote et sa *Poétique*, contre toutes ces entraves au génie, ces prescriptions tatillonnes d'un autre temps.

— … Et vous ? Y croyez-vous encore ?

— Monsieur, je ne suis pas athée, répondit Brifaut qui espérait faire là un mot d'esprit.

Taylor trouva le trait médiocre et fit mine, par obligeance, de ne pas le comprendre. D'ailleurs, il était tout entier à sa rénovation du théâtre. Il était favorable à un renouvellement du drame, croyait à une renaissance nécessaire de la tragédie, à une profonde refonte des textes. L'interlocuteur hochait la tête docilement, craignant de manifester le moindre désaccord, ce que le baron dut sentir puisqu'il posa à nouveau son regard sur le manuscrit. Il promit, d'une voix plus calme, de le transmettre au comité et de lui retourner très prochainement sa réponse. Brifaut aurait aimé échanger encore, évoquer l'objet de sa pièce, ses personnages, ses ambitions, mais Taylor qui ne voulait pas en savoir davantage, soucieux qu'il était de ne pas le blesser par un refus trop brutal, était déjà ailleurs. Ils discutèrent alors de choses et d'autres quand la conversation tomba sur le refus du ministre et la petite Bourgois. Brifaut lui fit part de ses inquiétudes et les développa à dessein dans l'espoir qu'elles remonteraient jusqu'au ministre. Jamais il n'avait voulu offenser quiconque… Le rire tonitruant du baron interrompit ses lamentations, croyant par sa joie atténuer les tourments de son hôte.

— Alors vous ne saviez pas ? Mais enfin, tout Paris est au courant ! Le ministre en est fou ! La comédienne a autrefois partagé son lit en même temps que celui du roi… Mais elle les a partagés à l'insu l'un de l'autre, dans la plus grande discrétion, jusqu'à ce qu'une nuit, alors que les deux hommes travaillaient ensemble, le ministre fût chargé par son souverain d'une commission. (Le baron s'interrompit encore pour rire de l'aventure.) Les ordres étaient très clairs : prendre un petit escalier, trouver la dame et la congédier. Mais lorsque le ministre se rendit dans la pièce indiquée, il y découvrit sa propre maîtresse en tenue suffisamment suggestive pour qu'il ne se méprît pas sur la nature de leur commerce… (Il fit une nouvelle pause.) L'indignation du ministre fut telle qu'après avoir balbutié les instructions du roi il envoya sur l'heure l'un de ses lieutenants reprendre le coupé jaune et les chevaux gris pommelés qu'il venait de lui offrir. Car, autant vous le dire très net : l'homme est particulièrement rancunier !

Mlle Bourgois avait donc été la maîtresse de Son Excellence ! Et du roi ? Contrairement au baron que l'affaire semblait réjouir, l'histoire glaça Brifaut. Rien ne le faisait plus enrager que le dépit ni trembler que le faux pas, et il dut esquisser un sourire pour qu'on ne prît pas la mesure de sa mortification. Son anxiété était pourtant palpable. La beauté de la jeune femme l'avait-elle à ce point aveuglé ? S'était-elle servie de lui depuis qu'elle avait perdu le soutien du ministre ? Il la congédierait donc aussi, cette intrigante qui lui avait déjà causé beaucoup trop de tracas. Car Brifaut redoutait par-dessus tout la sanction venue d'en haut.

Taylor, tout entier à ses chroniques, ne remarqua rien et renchérit :

— Et Talma ! Comme il l'a aimée, lui aussi ! Mais sa femme était d'une telle jalousie… Elle en nourrissait une telle aigreur… Je me souviens encore de quelle manière le comédien l'invitait à ne pas prendre trop l'affaire à cœur : qui donc ignorait que la petite Bourgois ne pouvait être autre chose qu'un caprice ? (Il changea soudain de ton.) Elle a certes de la séduction, des yeux, une taille… mais elle est si terriblement sotte ! Elle estropie les vers comme personne, les confond, traduit sur scène ceux qu'elle ne comprend pas… Et puis elle n'est pas seulement comédienne, elle se pique aussi de littérature ! Tout le monde se rappelle encore ses visites à l'Académie où elle va, dit-elle, écouter une conférence sur les Pelotes et les Poupées. Peut-être l'avez-vous même rencontrée ?

Brifaut ne répondit pas, mortifié de découvrir que sa jolie maîtresse était passée dans de si nombreuses mains.

— Mais la pauvre petite ignore jusqu'aux noms de Plaute et de l'épopée ! Et pourtant, quelle actrice ! Quelle présence, quelle fougue, quelle passion ! J'y pense : elle ferait sans doute l'affaire pour votre *Jeanne Gray*. Elle donnerait un peu de piquant au personnage !

Devenu livide, Brifaut reprit soudain quelques couleurs. La proposition du baron donnait de la réalité à la pièce. En distribuant déjà les rôles, il misait donc sur un aval du comité.

— Eh ! Pourquoi pas ? Mais cela ne risque-t-il pas d'offenser le ministre ?

Taylor, qui était tout autant animé par le théâtre que par la politique, justifia sa proposition tout en reconnaissant qu'elle pouvait rencontrer certaines difficultés. Il fallait donc attendre la réponse du ministre, et surtout celle du comité, avant d'engager la moindre attribution.

Soudain, alors que la porte de son bureau n'avait pas été fermée, un froissement de robe ainsi que le début d'une conversation venue du couloir parasitèrent les explications du baron et firent machinalement tourner la tête de Brifaut. La présence d'une femme dont il ne parvenait pas encore à distinguer le visage éveilla sa curiosité. Il ne la reconnut pas. Peut-être même ne l'avait-il jamais rencontrée. À la teneur de sa discussion, elle devait être comédienne, mais hormis ce détail qu'il supposait vrai, il ne savait rien d'elle et les éclats de voix qui parvenaient jusqu'à lui ne l'aidaient pas à l'identifier.

— C'est qu'elle m'enlève tous les auteurs…, déclarait-elle d'un ton capricieux.

— Mais elle ne vous enlève pas le public !

— Oui, mais elle est toujours à l'affût de pièces nouvelles, d'auteurs en vogue…

— Mais si vous refusez, le spectacle échouera.

— Eh bien qu'il échoue !

— Ne me faites pas ce tour, ne nous abandonnez pas !

— Alors faites en sorte qu'il m'accorde ce rôle !

— Impossible, ils sont tous déjà attribués.

— Tatata ! Ne comptez pas sur moi pour ce spectacle, je ne jouerai pas !

— Oh que si !

— Oh que non !

La jalousie de son inconnue, son timbre à la fois ferme et juvénile le firent sourire. Et tandis qu'il prêtait une oreille amusée à leur échange, Brifaut la contempla avec ravissement. Il fut d'abord ébloui par l'éclat de sa robe de levantine blanche, d'une teinte presque neigeuse, probablement confectionnée chez Terneaux et Courtois sur le modèle d'une pelisse, puis il tâcha de deviner ses formes. Mais la toilette la rendait si irréelle et si vaporeuse qu'il ne parvenait pas vraiment à se la figurer. Elle avait dû retirer la ceinture et faisait flotter les deux pans de la robe, négligemment relâchés, à distance l'un de l'autre. Il remonta le regard. Avec une guirlande de lis blancs dans la chevelure, Brifaut songea qu'elle avait des airs d'allégorie mais il n'aurait su dire de quoi. Il abaissa alors à nouveau les yeux et remarqua que la blancheur de sa robe était brisée aux extrémités par de délicats festons noirs qui rehaussaient la ligne, et qu'elle tenait à la main un « schall » à la dernière mode, en cachemire multicolore. Il passa machinalement la main dans ses boucles brunes pour réajuster sa mise lorsqu'une question du baron le tira de sa contemplation : « Qu'en pensez-vous ? » Brifaut, qui ne l'avait pas entendue, hasarda une réponse qui eut l'air de satisfaire son interlocuteur. Il s'agissait manifestement d'une conclusion puisque le baron Taylor se leva subitement et lui tendit une main amicale.

En longeant le corridor Brifaut tenta vainement de rencontrer le visage de son inconnue puis, à défaut, tâcha de retenir celui de son interlocuteur dont il se sentait déjà jaloux. En quittant le Théâtre-Français, il était partagé entre des sentiments contradictoires : l'inquiétude plus informée cette fois d'avoir froissé le ministre, la joie d'envisager, malgré les réticences du baron, les répétitions prochaines de sa pièce et le dépit à l'égard d'une maîtresse dont il était un peu las, mêlés à la mélancolie inattendue que lui procurait ce coup de foudre entre deux portes pour une femme qu'il n'avait pourtant vue que de dos. Brifaut se décida à découvrir bientôt son identité. Debout sur le trottoir, il jeta tout autour de lui un coup d'œil circulaire et fut un peu rassuré par la brusque tranquillité de la ville. La tempête passée, la blancheur des trottoirs et des toits scintillait joyeusement sous l'effet du soleil nouveau. Pas la moindre trace de son fantôme. Mais il n'y songeait déjà plus. Ses pensées étaient ailleurs. Les dernières paroles de sa belle inconnue retentissaient encore derrière lui, et tandis qu'il fixait distraitement le dénivelé des couches unies par une même lumière la robe en soie pâle vint, tel un motif de Damas, s'ajouter vaguement à la neige qui recouvrait Paris. Comme Diogène mais pour mille autres raisons, il aurait voulu être *accoutumé, l'été, de se rouler sur du sable brûlant, et l'hiver, embrasser des statues couvertes de neige…*

Il était amoureux.

Dans les semaines qui suivirent, au mois de janvier 1827, un vif incident secoua l'Académie. Le ministère venait de présenter une loi sur la presse, rebaptisée ironiquement par ses détracteurs « loi de justice et d'amour ». Aussi, le plus censeur des Immortels, un certain Lacretelle jeune, avait adressé au roi, au nom de l'Institut tout entier, une supplique lui enjoignant de retirer son projet. Restreindre les libertés au théâtre, soit. Diminuer celles de la presse, jamais.

Il avait entraîné dans sa Commission les signatures éminentes de Chateaubriand et de Villemain chargés de rédiger l'adresse. Le texte fit presque l'unanimité. Charles Brifaut qui n'était pas connu pour son audace ne se prononça pas. Il n'aimait pas Chateaubriand. Il ne lui pardonnait pas d'avoir encouragé la jeune école et notamment Hugo. Aussi, en pleine séance, soutenu par le banc des classiques, avait-il lancé à la tête de son rival : « Vous êtes comme Louis XIV, monsieur de Chateaubriand, vous voulez nous faire légitimer vos bâtards ! » L'épigramme avait été applaudie et la guerre entre les deux camps définitivement allumée.

Mais ce matin-là, sa voix, et l'homme ne le sentait que trop, était inaudible, minoritaire, et jugée presque déloyale. Quel que soit le bord, tous étaient rassemblés derrière ce seul mot d'ordre : non à la servitude des lettres. Une feuille antigouvernementale passa jusque dans les mains des plus attachés au roi :

L'Académie française se réunit tous les jeudis en séance ordinaire pour ses travaux. On annonce que la réunion de cette assemblée a été aujourd'hui remarquable par une proposition faite par Lacretelle. Ce véritable ami des lettres, l'un des vétérans de toutes les saines doctrines, a exposé dans un discours plein de force et de mesure les alarmes dont le pénétrait, dans l'intérêt des lettres françaises, le nouveau projet de loi sur la presse. Il a demandé à ses collègues s'ils ne partageaient pas l'émotion publique, et s'il ne leur paraîtrait pas dans les convenances que l'Académie, commise par le roi, son protecteur, à la garde de notre gloire littéraire, fît connaître, dans le péril actuel auquel on l'expose, ses sentiments particuliers d'inquiétude et de douleur…

Brifaut refusa de la lire. Il détestait *Le Globe*.

Le décret royal ne se fit pas attendre : Lacretelle fut privé de ses fonctions d'examinateur d'ouvrages dramatiques et la nomination de Villemain à la place de maître des requêtes fut annulée. Quant à Brifaut, en sa qualité de directeur de l'Institut, il fut mandaté auprès du roi.

Il avait toujours rêvé d'être introduit auprès de Charles X. Pourtant, les nuits qui précédèrent sa visite aux Tuileries, il dormit très mal. Ses songes étaient hantés par des fantômes en costumes royaux qui venaient le chercher jusque dans son lit. D'autres fois, un étranger précédait chacune de ses actions et lui-même arrivait toujours trop tard. Le bonnet trempé de sueur, il crut alors à une nouvelle rechute, se sentit menacé d'un catarrhe à la vessie et but une quinzaine de verres d'eau de Vichy. Il alluma une chandelle à demi fondue et se mit à écrire d'un jet les arguments bien sentis qu'il développerait devant le roi. Pour maîtriser les ténèbres, il déclama à voix haute son discours et, malgré la complète obscurité de son appartement, erra à tâtons jusqu'au petit salon jaune, puis fit rouler entre ses doigts, comme des pierres magiques, la dizaine de calculs disposés soigneusement sur la cheminée. Baptiste, qui aux premières lueurs du soleil rechignait tant à l'effort, se leva promptement la nuit, toujours aux aguets, et l'assista une bougie à la main. Il redoutait une brusque infection. Il inversa les rôles, materna le maître et lui donna des ordres bienveillants.

— Monsieur, vous devriez retourner vous coucher et dormir un peu. La journée sera longue.

— Allez, mon brave, tout va bien. Je venais seulement les compter.

— Précisément, n'allez pas vous mettre à les multiplier

avec une conduite inconsidérée. Vous vous rongez les sangs, ce n'est pas raisonnable… Retournez donc vous coucher.

Brifaut en prit alors une poignée, à la hâte, comme un enfant superstitieux, et la lumière de Baptiste le guida jusque dans sa chambre. Il se coucha et garda les cailloux fermés dans sa main jusqu'au petit matin. Ils l'accompagneraient dans sa première visite au roi.

Lorsqu'il se présenta dès dix heures au château, inquiet de l'accueil qu'il allait recevoir, Brifaut avait oublié les litres d'eau qu'il avait bus. Aussi son entretien avec le roi fut-il tourmenté par une envie pressante de se soulager. On le reçut si froidement qu'il en oublia même le faste des lieux. Le fauteuil qu'on lui tendit l'apaisa un peu.

— Savez-vous donc que l'Académie est sortie de ses attributions ?

La brusque entrée en matière décontenança le visiteur. La figure du roi était longue et fermée, les sourcils bruns dessinés jusqu'aux tempes, le nez interminable, les favoris blancs venaient manger ses joues et creusaient encore son visage. Tandis qu'il scrutait la face impassible du souverain, Brifaut cherchait ses mots et en oublia son accent.

— C'est à l'Institut, Sire, que je dois l'honneur d'être ici devant vous. Et je lui sais gré de la confiance qu'il me témoigne. Aussi, je me dois de porter auprès de vous sa voix. Votre Majesté me permettrait-elle de justifier sa position ?

— Allez, allez, on vous écoute.

Une nouvelle douleur à l'estomac fit grimacer Brifaut.

— Très bien, Sire.

Il déglutit laborieusement, avant d'entamer le discours plein d'emphase, de périodes et de rimes internes qu'il avait préparé, mûri puis mémorisé au cours de ses dernières nuits. Et, comme pour se donner du courage, il tapota tendrement la poche qui contenait ses petits calculs.

— Oserais-je rappeler au roi que l'Académie, malgré sa démarche audacieuse, n'avait nullement dans l'idée de vous faire une publicité fâcheuse ? Mais les liens étroits que mes confrères nourrissent avec les hommes de lettres, les imprimeurs et les libraires les ont conduits, non sans hardiesse j'en conviens, à prendre le parti en faveur des lettres et non celui en défaveur du roi. L'Académie a cru pouvoir déposer aux pieds de son très auguste protecteur le tribut de ses réflexions. Mais puisque vous l'avez condamnée, elle se retire et se tait. Et son silence vous prouve assez, Sire, toute l'étendue de son obéissance.

À ses mots, Brifaut vit passer dans les yeux du roi une lueur de satisfaction. L'Académie se soumettait. Le visage du monarque s'épanouit et retrouva quelques couleurs.

— C'est vrai, c'est vrai. Je n'ai eu avec l'Institut que des sujets de satisfaction. C'est pourquoi il est ennuyeux que l'on m'ait contraint à me montrer si dur à l'égard d'écrivains que j'apprécie, que j'admire et qui ont rendu tant de services à la monarchie. Mais je me devais d'être sévère. Ils méritaient une punition.

L'académicien, soulagé du tour que prenait leur entretien, oublia sa vessie et retrouva son zézaiement.

— Nul doute que la décision a dû coûter à Sa Majesté.

(Puis, gagné par l'assurance, il hasarda cette métaphore :) Mais la foudre doit-elle pour autant s'abattre sur le cygne ?

Le roi sourit :

— Non, sans doute, mais on m'y a forcé. (Puis il ajouta sur le ton de la confidence :) Car enfin, cette loi, de vous à moi, qu'en pensez-vous ?

— Puisque vous me permettez, Sire, de m'exprimer, je vous dirai que la loi, si elle avait dû se limiter à la répression de journaux chaque jour plus licencieux à l'égard de notre parti, aurait été unanimement approuvée, non seulement à l'Académie, mais dans les Chambres, mais dans la France tout entière !

— Vous avez mille fois raison. La presse est ingrate. Ses licences sont intolérables. Elle ne mérite pas la liberté que je lui ai accordée. Il est temps que l'ordre retrouve sa place partout, à la racine, jusque dans les organes de presse. Le roi ne peut pas tolérer que son autorité soit ainsi désarmée. Une loi répressive est nécessaire, vous en conviendrez.

— Cette loi viendrait trop tard.

— Que voulez-vous dire ?

Le roi avait vivement avancé la tête vers son interlocuteur. Il s'adressait à lui avec tant de sérieux que Brifaut crut soudain à un portefeuille. Aveuglé par cette sollicitude inattendue, il ignorait que les monarques savent eux aussi, à l'image de leurs courtisans, manier cette flatterie qui fait croire au privilège d'une écoute unique, incite à la confession, fait espérer d'autres apartés et se garantit dès lors une fidélité durable.

— C'était autrefois, à votre avènement, qu'il fallait

réduire ces licences. Mais les Français ont pris goût à la liberté que vous leur avez accordée. Ils vivraient désormais cette loi comme une servitude nouvelle.

Et au moment où il acheva son exposé, une dernière image traversa son esprit. Il ajouta avec assurance :

— Vous êtes le père de la France. N'immolez pas vos enfants !

Prenant soudain conscience qu'un excès de confiance lui faisait oublier tous les usages et qu'il venait nettement de donner un ordre au roi, il se rétracta et ruina le pacte qu'il avait scellé avec ses pairs, en tant que délégué :

— Mais je reconnais que l'on ne peut laisser l'autorité à la merci d'une presse ingrate. Il restera toujours de mauvais esprits et des caractères aventureux pour exploiter les passions publiques et susciter le désordre. La bonne France, elle, royaliste, dévouée et soumise à vos lois, se rangera toujours à vos côtés. Sire, *je suis de cette France-là* !

Les derniers mots qui lui étaient venus naturellement résonnèrent longtemps dans son esprit. Il les trouva très bons.

Le roi le remercia en lui signifiant combien il reconnaissait son dévouement, puis lui parla à demi-mot d'une loi prochaine qu'il comptait faire adopter l'année suivante, grâce à laquelle il mettrait fin aux désordres de la presse, cela, bien entendu, devant être tenu secret et rester entre eux. Brifaut s'en fut, le cœur léger, mais regretta un peu de n'avoir pas su profiter de l'occasion pour lui parler de sa tragédie. Il ne doutait cependant plus désormais de recevoir toujours le soutien de son roi.

Cette entrevue constitua le point d'orgue de sa jeune vie et décida de son sort. Comme tous les hommes qui interprètent, relisent, informent les événements au gré de leur désir ou de leur volonté, Brifaut oublia les manières rebutantes de son monarque, le ton offensif et méprisant de ses premières questions, et ne voulut retenir que l'attention et l'écoute qu'on avait bien voulu lui accorder.

Dupe de sa vanité, Brifaut crut de bonne foi aimer son souverain.

Toute la semaine, il fut assailli de questions auxquelles il répondit avec parcimonie. Devant le rejet massif de la loi, le projet fut abandonné et Lacretelle bénéficia, en guise de compensation, de l'augmentation de ses émoluments. Les académiciens qui ne doutaient pas de la part active que notre homme avait prise à l'affaire (ce dont il ne se défendit pas) félicitèrent Brifaut qui goûta là l'une des heures les plus heureuses de son existence.

Quelques jours plus tard, il reçut un pli cacheté au sceau du ministère qu'il prit d'abord pour une réponse à son courrier. En l'ouvrant, il fut un peu déçu. La lettre était officielle. C'était une nomination. Il venait d'être promu inspecteur de la Commission d'examen. En d'autres termes, il devenait censeur des théâtres en lieu et place de Lacretelle. Cette promotion, dont il crut au premier abord qu'elle l'enchantait, le plongea rapidement dans un profond désarroi. Il s'attendait d'une part à une réponse personnelle du ministre et fut vexé de sentir qu'il ne l'obtiendrait pas, et se demandait d'autre part si sa carrière dramatique serait conciliable avec celle d'une nouvelle fonction au ministère.

La nouvelle le secoua tant qu'il prit froid.

Rose, qui n'était pas seulement cuisinière, voulut diagnostiquer la chose : c'était d'après elle une inflammation pulmonaire. Aussi le « bronchité » avait-il pour obligation de garder le lit et recevoir cinq bouillons pectoraux par jour. Baptiste la seconda avec beaucoup de diligence mais il pestait en même temps contre l'inconséquence de son maître.

Ne l'avait-il pas plusieurs fois averti que ses déambulations nocturnes étaient contre-indiquées ? Aussi le domestique le veilla-t-il avec humeur et inquiétude.

De son côté, Mlle Bourgois s'impatienta de ne plus avoir de nouvelles de son amant ni surtout de l'affaire qui l'occupait, et Brifaut profita de sa convalescence pour prendre ses distances.

Dès que Mme de Grollieu eut vent de l'état de son ami, elle le fit enlever et, malgré les protestations de la bonne et du valet, l'emmena dans sa résidence du côté de Brunoy. Le domaine colossal que la propriétaire des lieux rebaptisait modestement sa *ferme* était un petit paradis qu'elle entretenait avec soin, veillant jalousement sur ses rosiers rouges et roses, et ne permettant à aucun de ses domestiques de s'en mêler. Le jardinier avait bien tenté ici ou là quelques conseils, mais la repartie cinglante de sa maîtresse lui avait immédiatement fait comprendre que s'il tenait à sa place, il vaudrait mieux se taire.

Le salon de la marquise, qui connaissait le latin et le grec, était par ailleurs un des hauts lieux de l'urbanité française. Elle savait s'entourer des plus beaux esprits : le général de Vofius avait écrit un opuscule sur la vénerie, M. de Monthyon, en dépit de costumes tout droit sortis d'une garde-robe du XVIIIe siècle, perruque à la financière, manchette en dentelle et souliers à boucle, était le plus instruit des magistrats et savait versifier comme personne. La marquise de Grollieu elle-même aimait les arts pour les pratiquer depuis son plus jeune âge. Elle avait très tôt découvert la peinture, s'était rendue à Rome et Florence pour perfectionner sa technique et s'était mise à peindre des tableaux de jardins, de bouquets et de vases qu'elle avait offerts pour la plupart à la Société d'horticulture, ce qui lui avait valu le surnom de « Raphaël des fleurs ».

Lorsque la voiture de Brifaut arriva à la hauteur du domaine, chacun s'empressa de l'aider, l'entoura de prévenances et de cajoleries. On s'inquiétait de cette nouvelle rechute. La marquise surtout était la première à s'en alarmer. Brifaut était un ami cher. Il s'avança péniblement vers elle, le pas lent, raclant le gravillon. Celle-ci lui trouva la mine pâle et défaite mais ne le montra pas :

— Voici enfin notre poète !

En lui attrapant les deux mains, Mlle de Saujon s'écria : « Comme elles sont dures ! Ce n'est pas de la peau, ma parole, ce sont des écailles ! » La marquise de Grollieu roula des yeux sévères en direction de son amie comme pour lui signifier qu'on ne s'adressait pas ainsi à un mort. Elle lui promit de le ragaillardir avec des jeux de billard, des comédies nouvelles, des jaunes d'œufs et des vins vigoureux.

Brifaut ne mourut pas. Au bout de quelques jours, il reprit même des couleurs et retrouva le goût de la bonne chère.

La salle à manger était le coin « le plus ravissant » de la maison : les tentures de soie foisonnaient de motifs floraux. La cheminée de marbre blanc était surmontée de glaces monumentales dans lesquelles se reflétaient les œuvres de la maîtresse des lieux : une urne aux acanthes, deux allégories de la fidélité et quelques bouquets. Posée au milieu, une pendule en bronze doré était relevée par un gentilhomme qui jouait rêveusement du luth au pied d'une fontaine que l'on devinait à l'arrière par les jets d'eau qu'elle déversait de part et d'autre du cadran. La pastorale, commentait le général de Vofius qui prétendait s'y entendre, était *un raffinement*.

Ce midi-là, ils déjeunèrent de quelques dindes et de pâtes farcies. Il régnait chez la maîtresse des lieux une liberté qui entendait ne respecter presque aucune préséance, hormis celle de placer à ses côtés les femmes les plus âgées, c'est-à-dire les plus titrées. Elle avait aussi conservé un décorum Ancien Régime avec ses laquais poudrés, vêtus d'une livrée vert et jaune très étoffée, ce qui, alors même que les Montmorency avaient « déshabillé » leurs valets, était une hardiesse, une bravade politique qui enchantait ses visiteurs. Sa gourmandise séduisait elle aussi tout le monde puisqu'elle avait pour conséquence de les choyer en retour. Brifaut, qui avait jusqu'à présent pris ses repas en chambre, eut l'honneur de s'installer à côté d'elle et tourna vers son hôtesse des regards pleins de reconnaissance. La marquise faisait croire à ses hôtes, et peut-être d'abord à elle-même, que ses égards n'étaient dus qu'à la maladie : en d'autres circonstances, jamais elle n'aurait manqué de privilégier ses amies douairières. En réalité, elle ne s'avouait pas qu'elle éprouvait envers le poète des sentiments auxquels elle ne donnait pas encore de nom, qu'elle aurait même jugés scandaleux s'ils lui avaient été révélés, des sentiments qu'une femme de son âge s'interdisait de concevoir à l'égard d'un homme plus jeune, et plus encore de formuler. Brifaut, de son côté, ne la voyait jamais que comme une amie fidèle et maternelle, comme un refuge ou une épaule consolante. Elle possédait une de ces figures rondes et riantes qui inspirent immédiatement de la confiance et travaillait d'ailleurs cette spontanéité en se donnant de faux airs de négligence qu'elle espérait séduisants. La cinquantaine rayonnante, ses cheveux blancs et bouclés débordaient en touffes éparses de part et d'autre d'un bandeau de crêpe qu'elle nouait à l'arrière, et ses yeux sans cils étaient, sans être beaux, toujours expressifs.

L'appétit de Brifaut revint avec difficulté. La vision déplaisante de la vieille Mme de Sabrinet, assise en face de lui, retardait encore son rétablissement. Celle-ci en effet ne s'asseyait à leur côté que par complaisance car, pourvue d'un râtelier artificiel, elle ne pouvait avaler qu'un peu de bouillie. Si les autres convives y étaient habitués, la seule représentation du palais édenté de la comtesse écœurait Brifaut.

Mme de Grollieu était toujours la première à lancer une conversation.

— Mme d'Abrantès publie ses Mémoires. Les avez-vous lus ?

La duchesse tenait un salon qui concurrençait le sien, d'autant que Juliette Récamier, dont chacun admirait la beauté, l'esprit et l'entregent, le fréquentait toujours, par amitié.

— Je les ai parcourus. Oui. C'est une affreuse compilation, un baragouin terrible, tout un fatras de mots…

— J'ai cru comprendre qu'elle ne les avait même pas écrits seule.

— C'est bien connu !

— Elle nie pourtant que qui que ce soit ait mis la main à la pâte.

— Le vilain mensonge !

— Je trouve cela bien écrit.

— Bien ou mal, le texte n'est pas d'elle, voyez-vous ? Et elle est bien impudente de le nier !

— Par ailleurs, il paraît qu'elle vend tous ses bijoux et tous ses meubles. Croyez bien qu'elle finira nue !

Quelques rires fusèrent. Le salon de Mme de Grollieu n'était donc plus tout à fait menacé. Mais les ricanements, loin de la flatter, ne lui firent pas plaisir. Elle trépignait plutôt d'impatience lorsque les propos qu'elle lançait à table, escomptant de la part de ses hôtes de hautes considérations littéraires, étaient dénaturés, travestis et médisants. Ni la littérature ni sa maison n'en sortaient véritablement grandies. Elle tourna alors ses regards vers Brifaut dont elle espérait le soutien. Ses airs absents l'attristèrent. À quoi songeait-il donc ? Elle envisagea toutes sortes de préoccupations sans penser un seul instant que Brifaut n'avait tout simplement pas encore repris assez de vigueur pour espérer pouvoir élever le niveau de la conversation. Elle tâcha de le ramener à eux en évoquant ses travaux récents.

Brifaut dut alors évoquer sa nomination nouvelle au ministère. Mme de Grollieu protesta :

— Mon Dieu, mais c'est tragique, mon ami, vous devenez *fonctionnaire* ! Les lettres vont perdre beaucoup…

M. de Monthyon intervint fermement :

— Bien au contraire, elles gagneront un serviteur. La censure n'est-elle pas nécessaire lorsque l'on voit chaque jour l'énormité des délits ? Il faut bien que quelqu'un s'y consacre. Et qui mieux qu'un poète serait meilleur juge au théâtre ?

— Je n'abandonne pas la profession, madame. J'ai déposé en novembre ma *Jeanne Gray* au Théâtre-Français.

L'image fugitive de la dame blanche traversa son esprit.

— Voyez, voyez, il ne nous quitte pas ! Tranquillisez-vous. D'ailleurs, il est toujours là, n'est-ce pas ? Et puis, ajouta le magistrat qui avait ses lettres, on peut être Caton et Sénèque à la fois.

— Mais, ajouta la marquise qu'une fonction de censeur au ministère horrifiait au moins autant que celle de voiturier, on a récemment interdit *Polyeucte* ! Avouez tout de même que…

La marquise redoutait surtout qu'une charge importante de travail ne l'éloignât de sa *ferme*.

— Et pourquoi non ? intervint encore le magistrat, cette tragédie n'offre-t-elle pas un dangereux exemple de fanatisme religieux ? Il faut bien interdire lorsque la monarchie est en danger.

— Mais Corneille !… Défendre Corneille ! Non, non, la censure est par trop pointilleuse ! Vraiment, j'aimerais mieux passer pour un Iroquois que d'accepter pareille nomination… Enfin, ne voyez-vous pas qu'il s'agit là d'une pratique d'un autre temps ? Vous me citez Caton et Sénèque, je vous citerai Hérodote.

Toutes les oreilles s'étaient tendues. La polémique, en plus d'être une bataille d'idées, était une compétition littéraire dans laquelle les références et les citations rivalisaient entre elles, dans laquelle les plus lettrés l'emportaient toujours sur les plus diserts. À ce jeu-là, la marquise était la plus douée.

— Vous connaissez tous le poète Phrynichos.

Chacun secoua gravement la tête. Seule Mme de Grollieu était helléniste.

— L'anecdote est fameuse. *Erato*, livre VI. Après avoir entendu l'une des tragédies de Phrynichos, tout le théâtre fondit en larmes. Pour quelle raison ? Parce que le sujet était la prise de la cité. Et que fit-on alors ? Récompensa-t-on le poète d'avoir visé si juste, de les avoir touchés par toutes les larmes qu'il faisait couler ? Non, non ! On le condamna à une amende de mille drachmes, parce que son œuvre rappelait à tous l'objet de leurs malheurs. Et la pièce, voyez-vous, la pièce fut à jamais interdite.

— Mais madame, Paris n'est pas Athènes et notre cher Charles a suffisamment vécu ce qu'a vécu votre poète pour savoir exercer ses fonctions en bonne intelligence avec les auteurs…

Brifaut les écoutait chacun prendre part au débat et était reconnaissant à M. de Monthyon de le soutenir. Il minimisait surtout les préventions de la marquise qui, toute savante qu'elle était, était avant tout femme, et par conséquent faible. Il préféra la rassurer en évoquant son dernier projet dramatique : une commande que Mlle Mars lui avait faite. Elle avait sous l'Empire assisté à la lecture d'un de ses ouvrages et s'était écriée : « Ah ! Chien ! Quel début ! » Puis l'avait engagé ensuite, malgré la campagne que les royalistes menaient à son encontre, à lui offrir un rôle sur mesure.

C'était une comédie en cinq actes et en vers sur laquelle il s'était déjà un peu mis à l'œuvre mais il avoua, comprenant soudain qu'au moment même où il voulait tranquilliser la marquise il allait au contraire l'alarmer, que le sujet était tiré *de ce petit coin de la société française qu'on nomme l'aristocratie.* La nouvelle souleva quelques cris de surprise et presque d'indignation. Toute la société de Brunoy se sentit immédiatement visée.

— Mais j'en connais tous les bonheurs, justifia Brifaut pressentant la curée, tous les travers, tous les traits singuliers. Il me suffira de cueillir çà et là quelques-unes de leurs fleurs amusantes ou brillantes.

— Oh ! çà ! vous réussirez, mon ami, il n'y a pas à en douter. Ce sera même un triomphe ! Seulement..., ajouta la marquise d'un air grave, ce triomphe vous brouillera avec tout notre monde... qui est aussi le vôtre...

— On vous traitera de traître, surtout si vous visez juste ! renchérit M. de Monthyon. Celui qui a le malheur de dire la vérité est doublement impardonnable...

— Même si vous équilibrez la critique par quelques louanges flatteuses, on ne retiendra que les ombres au tableau, soyez-en assuré !

— Il vous faudra choisir : entre un succès de théâtre et votre vie souriante... Mais on ne saurait jouir des deux à la fois.

Brifaut prit ainsi conscience des risques qu'il encourait avec ce projet. Pour rien au monde il n'aurait voulu se trouver au ban d'une société si pleine de sympathie pour lui. Il n'hésita pas longtemps et déclara solennellement qu'aucune ambition littéraire ne saurait être mise en balance avec leur amitié et que le projet qu'il censurait déjà lui-même, au nom de la prudence et de la sagesse, serait dès son retour à Paris rangé dans un tiroir. Ce geste merveilleux, ce *sacrifice d'Abraham*, comme le surnomma la marquise de Grollieu, fut applaudi de tous.

Après le déjeuner, Brifaut sortit pour la première fois depuis son arrivée. Il fit le tour du jardin anglais. Il connaissait bien les lieux pour y être souvent passé, mais il entreprenait habituellement ses promenades accompagné, aux bras de visiteuses avec lesquelles il poursuivait quelque conversation commencée au salon. Cette fois, la neige et le vent glacé avaient découragé les velléités des plus audacieux, et malgré les avertissements de ses hôtes, malgré l'attrait d'une partie de boston, Brifaut partit seul. Mme de Grollieu le vit donc s'éloigner à contrecœur. Elle ne pouvait décemment l'accompagner sans se compromettre.

Brifaut s'enfonça rapidement dans un bois dont il réalisa pour la première fois l'immensité. Il crut presque se perdre et ne retrouva aucune des impressions que lui avaient laissées les lieux au printemps, privés de leurs parterres de fleurs que son amie entretenait pour servir de modèles à ses toiles. Les arbres blanchis, dépouillés de leurs feuilles, lui parurent irréguliers et inquiétants ; les allées crochues, les kiosques abandonnés, les ruines factices donnaient elles aussi à l'espace des allures gothiques, imprévisibles, déroutantes, des apparences fantomatiques et menaçantes de conte des frères Grimm. Mais il avait besoin d'air pour réfléchir et l'étrangeté du lieu ranimait ses pensées. Il songea encore à la conversation, aux avis des uns et des autres, à ces dernières semaines, à ce refus du ministre, à la cabale de ses confrères, à l'entretien avec le roi, à cette nomination soudaine à la Commission d'examen, à cette belle femme blanche surtout qu'il n'avait vue que de dos. Qui était-elle ? La rencontrerait-il de nouveau ?

Brifaut détestait être bousculé. Il s'accommodait si parfaitement de cette vie mondaine où on l'accueillait partout en prince qu'il craignait de devoir faire un mauvais choix. Renoncer à une vie oisive pour une autre dans laquelle il jouirait certes de plus de pouvoir et de considération... Il craignait de renoncer au bonheur. D'ailleurs, sa nature délicate l'avertissait du danger. À chaque bouleversement, le travail laborieux de son estomac se faisait sentir et sa vessie lui causait de nouveaux supplices. Qu'allait-il chercher là, lui qui ne connaissait que la quiétude des salons et des conversations brillantes ? Autre chose peut-être ? À commencer par un nom. L'Académie lui procurait bien l'immortalité, et pourtant... En devenant censeur, il gouvernerait enfin le monde. Les uns se prosterneraient devant lui, les autres, même les plus rétifs, seraient contraints de s'adresser à lui avec respect.

Il suivait tout en marchant un cours d'eau sinueux dans lequel se reflétaient des saules décharnés, des arbres de Judée et des hêtres hauts et blancs. Il découvrit soudain, caché dans un coin plus reculé encore, un petit pont chinois et s'accouda sur le garde-fou qui enjambait la rivière artificielle. Il réfléchit encore. Avait-il vraiment le choix ? Pouvait-on refuser une nomination royale ? Une annulation de sa part constituerait un acte de déloyauté impardonnable. Et cette attribution était sans doute la réponse à son *Sire, je suis de cette France-là !* C'était la récompense du roi. Quel chemin parcouru depuis le *non* du ministre ! Mais il réalisa qu'il lui était plus simple aujourd'hui d'essuyer l'humiliation d'un refus que d'accepter l'honneur d'une promotion qu'il n'avait pas sollicitée. Il pencha la tête et vit son reflet dans l'eau, mais assombri, vague et brumeux.

Que voulait-il vraiment ?

Le son de la cloche venu du château interrompit ses pensées. Il rentra indécis.

Son séjour se prolongea encore quelques jours au terme desquels il ne sut pas prendre davantage de décision.

Le dernier mardi, Brifaut accompagna la société dans ses promenades de bienfaisance, les poches remplies de sucreries et de pains d'épice que les enfants accueillaient avec enthousiasme et leur mère, versant des larmes de joie, ouvrait son tablier pour recevoir des bonnets blancs et des chemises de toile que les dames leur avaient confectionnés tout exprès. De retour de leurs visites, le général de Vofius ponctua leurs œuvres charitables de cette parole philosophique :

— Ah ! Qu'il y a encore de bonnes âmes dans ce maudit enfer qu'on appelle le monde !

Brifaut trouva dans cette maxime matière nouvelle à réflexion. Il s'interrogea pour la première fois sur son utilité sur terre. Que donnait-il aux autres ? Sa présence ? Son esprit ? Ce n'était pas suffisant mais là n'était pas au fond ce qui le chagrinait ou le tourmentait le plus. Les services auxquels il songeait étaient fort éloignés du dévouement ou de la charité. Son examen de conscience tenait en fait à l'admiration qu'il éprouvait pour Mme de Grollieu, cette bienfaitrice, cette sainte qui recevait de toutes parts les marques les plus vives de remerciement, elle dont il enviait l'action généreuse, à laquelle il aurait voulu ressembler, qu'il serait allé jusqu'à imiter pour qu'on le considérât avec les mêmes égards. Jamais l'idée ne lui aurait traversé l'esprit qu'elle accomplissait ces œuvres non pas seulement par charité, mais d'abord pour lui plaire.

Il réfléchit encore. Lui, l'auteur de *Ninus II*, méritait de passer à la postérité. Les grands moralistes se bousculaient dans son esprit. La Bruyère, qu'il avait autrefois appris et qui, à tout âge, lui avait été d'un si grand secours, lui fut cette fois d'un maigre réconfort lorsqu'il se le déclama pour lui-même :

> *Qui peut avec les plus rares talents et le plus excellent mérite n'être pas convaincu de son inutilité ; quand il considère qu'il laisse, en mourant, un monde qui ne se sent pas de sa perte, et où tant de gens se trouvent pour le remplacer ?*

Ces réflexions le plongèrent dans un désarroi auquel il voulut mettre fin. Alors Brifaut décida, comme on s'assigne un but ou un sens dans l'existence, qu'il deviendrait censeur et qu'il serait, à défaut d'autre chose, utile aux lettres et à son roi.

Brifaut était attendu pour quinze heures. Il entra par la porte principale du ministère, se présenta, fut accueilli par un laquais en livrée derrière lequel il gravit solennellement les marches d'un escalier monumental. Une porte s'ouvrit sur un salon d'apparat encore désert. Lorsqu'il le découvrit, Brifaut fut enchanté. Les murs blancs étaient rehaussés de moulures dorées dans l'encadrement des portes et des plinthes. Il s'avança un peu, jetant partout des regards admiratifs, et prit place sur l'un des nombreux sièges qui occupaient la pièce : fauteuils gondole, chaises à dossier ornées de génies ailés et de chimères, ottomanes et causeuses. Ses yeux se posaient partout avec ravissement sur les incrustations raffinées, sur les rosaces, sur les perles et sur les feuillages. L'harmonie du mobilier, des couleurs et des formes le charmait. Et il s'enivrait déjà du plaisir et de la fierté qu'il ressentirait bientôt à siéger dans l'un des cabinets d'une si auguste demeure.

Il attendit.

Une table rectangulaire au piétement formé de deux

guirlandes occupait l'un des angles de la pièce. Quelques brochures étaient posées nonchalamment, *Le Moniteur*, quelques beaux livres aussi. Au bout d'une trentaine de minutes, Brifaut, malgré sa patience, se leva et consulta l'ouvrage le plus proche. C'était un grand livre illustré qui portait un titre étrangement familier. *Faust*. Ce nom commençait à se répandre dans les quelques lieux qu'il pratiquait, mais jamais encore il n'avait eu l'occasion de le lire, et pour cause : il ne savait pas l'allemand et avait par ailleurs refusé de fréquenter le cercle germanophile de Mme de Staël dont les lettres avaient été en son temps « outrageuses pour les Bourbons ».

Le texte dont il s'agissait était une traduction française, la première sans doute d'après la date de parution, d'un certain Albert Stapfer qu'il ne connaissait pas. Mais ce furent les illustrations surtout qui retinrent son attention. Dix-sept lithographies de Delacroix. La première, en particulier, l'horrifia : c'était un Méphistophélès nu et ailé, arrêté et presque saisi en plein vol, la tête tournée en arrière comme aux aguets, s'élevant au-dessus d'une cité plongée dans les ténèbres. Brifaut ne comprenait rien à cet art excentrique et préférait de beaucoup les berceaux fleuris de la marquise de Grollieu. Pour meubler l'attente, il feuilleta encore l'ouvrage. Les membres tordus de l'ange déchu, sa musculature imposante, ses ailes majestueuses contrastaient avec les mots désespérés du personnage principal :

Pauvre crâne vide que me veux-tu dire…

Si les illustrations révulsèrent le lecteur, la phrase de Faust, elle, le laissa longtemps méditatif.

Soudain, une porte s'ouvrit brutalement. Son nom presque aboyé le réveilla de ses songes.

Brifaut pénétra dans un autre salon. En entrant, il ne reconnut pas le ministre. Il s'agissait sans doute, se dit-il intérieurement, de l'un de ses collaborateurs. Installé derrière un bureau monumental, l'homme ventripotent, dont l'abondante chevelure blonde retombait sur les épaules à la mode germanique, relisait, la mine concentrée, une note au milieu de dossiers qui s'amoncelaient devant lui. Il ne l'accueillit pas et ne se présenta pas davantage. Tandis qu'il terminait sa lecture, il lui désigna d'une main une chaise sans lever les yeux de ses papiers. Brifaut n'était pas habitué à ces sortes de réception. D'ordinaire, on s'adressait à lui avec déférence. Aussi fut-il décontenancé et froissé par cet accueil. En quelques semaines, après le roi, c'était la deuxième fois qu'on le convoquait ainsi. Jamais il n'avait joui de tant d'honneurs, jamais pourtant il n'avait été aussi mal reçu.

Soudain, l'homme déclara solennellement en accentuant les gutturales, le nez collé à ses notes :

— Fotre mission est krande, monsieur l'inspecteur. Klorieuse, salutaire et même, osserais-je dire, salfatrice !

Le titre d'inspecteur, heureusement, atténua l'offense et fit même gonfler sa poitrine de novice. Lorsque, après un long silence, le bureaucrate leva enfin sur lui de petits yeux bleus mystérieux, cerclés de lorgnons métalliques, il ajouta dans un demi-sourire que Brifaut voulut interpréter comme une intronisation :

— Oui, votre mission est noble… (Nous épargnons au lecteur la transcription phonétique de sa prononciation.)

L'homme avait plissé les paupières pour donner de la hauteur à ses paroles. Son accent prononcé, venu d'Alsace ou d'Allemagne, frappa l'académicien. La charge étrange qu'on voulait bien lui confier lui paraissait, du fait même de ces intonations inconnues, plus insolite encore. Mais la désagréable sensation s'effaça dès que l'homme se mit à chuchoter, d'un air de connivence :

— Et le roi vous appuie. On a causé de vous. Il m'entretenait tantôt de cela. (À haute voix :) La scène française vous attend ! Vous deviendrez son rempart !

Le roi s'intéressait à sa personne ! Brifaut sut qu'il allait accepter. Son interlocuteur poursuivit :

— Nous devons nous employer à prendre le parti de la religion et de ses ministres, défendre l'autorité, la famille, les mœurs publiques ! (Il mit les mains sur son visage qu'il laboura comme pour le décaper d'une fatigue extrême.) Mon Dieu ! comme la tâche est ardue… le chemin semé d'embûches… Les attaques nous viennent de toutes parts. Nous devons nous défendre contre les doctrines perverses et les peintures immorales !

L'usage du *nous* déçut un peu l'académicien qui tenait son rôle pour singulier, unique, privilégié. Le roi lui-même ne l'avait-il pas désigné en personne ? À plusieurs, la mission lui parut moins noble. Il recula.

— Oui mais voyez-vous, j'ai à l'égard de la censure

quelques préventions. Comme vous le savez sans doute… j'ai dû immoler mon enfant.

— Que voulez-vous dire ?

Les yeux bleus du bureaucrate s'étaient arrondis, sur leurs gardes.

— Je veux parler de ma tragédie. *Ninus II*. (Brifaut hésita à poursuivre.) Mon Dieu, à son souvenir seul, mon pouls s'élève… La pièce avait d'abord été interdite. Mais j'avais heureusement des amis puissants. Que de démarches, d'efforts et de prières pour que la Commission daigne revenir sur sa décision ! À quelles conditions ?… On a exigé de moi que je la mutile, que je change le titre, l'époque, les personnages. Pour contourner sa mise à l'Index, comprenez-vous, pour sauver ma pièce, j'ai dû la sacrifier !

À ces mots, l'homme potelé perdit son air suspicieux. Sa figure s'épanouit.

— Si ce n'est que cela… Allons, allons, n'y accordez pas tant d'importance ! On connaît tous ici ou là un petit coup de ciseaux… On améliore une œuvre, on la retouche, on l'arrange, voyons, n'est-ce pas là le travail de tout artiste ? Qui donc ne revient jamais sur son texte ? Car enfin, ajouta-t-il, une lueur folle traversant son regard, il faut être Dieu pour prétendre d'emblée à la perfection ! Et de vous à moi, vous n'ambitionnez pas d'être Dieu ? (Il avait pointé sur lui des yeux aiguisés comme des lames qui obligèrent Brifaut à abaisser les siens.) De l'humilité, monsieur, de l'humilité avant tout ! Améliorer… mais ce n'est pas censurer ! D'ailleurs, je n'aime pas ce mot-là de *censure*. Il renferme un je-ne-sais-quoi d'arbitraire sans commune mesure avec la noblesse de notre mission. *Examiner* est préférable et sonne surtout plus juste. Et puis, vous savez, les temps changent. Ce qui était interdit hier ne l'est plus aujourd'hui… La Commission, voyez-vous, se montre moins délicate.

Le collaborateur songeait que les parjures au ministère n'étaient pas rares. Il compléta, sur le ton de la connivence :

— M. Laya, lui-même, vient d'entrer à la Commission…

Il n'acheva pas sa phrase et s'en tint à une moue suffisamment éloquente. Il faisait allusion au libelle que le dramaturge avait autrefois publié contre la Commission qui avait refusé sa pièce et contre le ministre qui en avait ajourné la relecture. Les censeurs qui estimaient avoir agi en toute indépendance avaient fait corps autour du chef, s'étaient récriés contre cette attaque qu'ils estimaient à la fois indigne et infondée.

— Comment ? Ne serai-je pas seul ?

En devenant censeur, Brifaut s'était imaginé dans le fauteuil d'un Suard ou dans celui d'un Crébillon.

— M. Suard, compléta-t-il, n'était-il pas seul à la Commission ?

— Ah ! M. Suard… Oui, oui, il était seul, mais ce n'était pas à proprement parler une commission. (L'homme fit une expression qui exprimait assez sa réprobation.) Savez-vous qu'on l'a vu revenir ? (Il soupira.) Il exigeait la place qu'il avait autrefois tenue avant la Restauration. On voulut lui offrir une compensation. Le chancelier le promut au titre de censeur honoraire… mais, de vous à moi, il se contente de toucher ses appointements. (Plus bas :) Il ne prend jamais part aux travaux des censeurs… (Puis il regarda son interlocuteur dans les yeux.) Vous serez cinq.

— Cinq ?

— Oui, cinq. C'est une commission collégiale, sous l'autorité du ministre. Autrefois, la surveillance des théâtres n'était pas administrative mais les auteurs étaient à la merci d'une seule personnalité toujours forte, toujours singulière et souvent partisane. (Il désignait implicitement Suard.) Les querelles entre les dramaturges et leur censeur prenaient un tour privé qui ne servait pas notre cause. Cinq, c'est un bon nombre. Car il faut bien que les individus s'effacent pour atteindre la vérité…

Brifaut qui ne tenait justement pas à s'effacer croisa les bras, soudain plus défiant. Il réfléchissait. Devait-il finalement accepter ? Son irritation se fixa sur les intonations germaniques du collaborateur.

— Et puis, cela protège contre les attaques, et elles sont nombreuses. Il est beaucoup plus difficile de demander des comptes à un comité qu'à un homme seul. Cela prévient contre les abus de toutes sortes et surtout contre les rancœurs. Car enfin, entendez-vous, nous devons toujours rester l'ami des lettres mais aussi celui des auteurs. Il faut éviter les duels. Aussi est-il bon que la Commission reste anonyme. (Sentant qu'il perdait son interlocuteur, il compléta :) Mais vous… vous serez inspecteur ! C'est à vous seul que reviendra le pouvoir décisionnaire. Les autres vous suppléeront, ils ne seront qu'examinateurs. Et puis, les plus grandes scènes parisiennes seront sous votre tutelle : le Théâtre-Français, l'Odéon…

Lorsque Brifaut comprit qu'il pourrait lui-même décider du sort de sa propre tragédie, il reprit des couleurs.

— Et en quoi consiste la tâche ?

La question soulagea l'adjoint du ministre. Il se redressa vivement sur son siège. Ses yeux traversés d'une lueur fauve devinrent soudain plus vifs et malgré les lorgnons semblèrent pénétrer Brifaut jusqu'au tréfonds de son âme, si bien qu'il ne savait s'il devait se réjouir de l'entretien ou au contraire en frémir.

— Vous recevrez chaque jour des dizaines de manuscrits. Pour les pièces déjà jouées, il suffira le plus souvent de confirmer l'avis de vos prédécesseurs. Pour les autres, vous vous répartirez la besogne. Dans les départements, ce seront les préfets qui vous enverront les manuscrits des pièces nouvelles. Sachez qu'ils sont de votre côté. D'ailleurs, le maire de Marseille est l'un des plus ardents défenseurs de notre cause… Au moindre litige, vous vous consulterez, et s'il y a lieu, vous vous en remettrez au ministre. (Il prit soudain un ton plus solennel. Sa voix devint très grave.) Mais sachez bien qu'en tout état de cause le ministre décide seul. Dans le secret de certaines vues, il reste toujours le mieux informé, le seul capable de prévoir le danger y compris dans les œuvres les plus innocentes. (Après un long silence au cours duquel il fouilla dans ses archives :) Voici quelques menues instructions, ajouta-t-il en lui tendant une circulaire officielle.

Brifaut la parcourut des yeux et, fronçant les sourcils, tiqua :

— Je vois que certains noms sont interdits…

— Des noms interdits ? Oh, ils sont bien peu nombreux…

— Certes, mais ce sont des hommes parmi les plus illustres. (Tournant la feuille vers le bureaucrate, il pointait du doigt certaines lignes.) Tenez, par exemple, là, je lis : *Voltaire*.

— Voltaire ? Oui. Le ministre l'a jugé inopportun. C'est l'honneur de la scène française que de se défendre contre les esprits factieux.

Échauffé par les arguments de Mme de Grollieu et M. de Monthyon, Brifaut s'était exercé par anticipation :

— Mais Voltaire est précisément l'honneur de la France ! Et je vois que l'interdit frappe non seulement ses œuvres mais aussi son nom ! Voltaire menace-t-il à ce point le roi ?

— On voit que vous ne fréquentez pas assez les scènes parisiennes. Son nom seul est un cri de ralliement. Évoque-t-on ne serait-ce que le *quai Voltaire* et le parterre est debout, prêt à en découdre, et la pièce interrompue par des tonnerres d'applaudissements !

— Et l'*Émile* de Rousseau ?

— C'est une œuvre corruptrice.

— Je vois que Napoléon est lui aussi interdit.

— Eh ! la République, le Consulat, l'Empire n'ont jamais existé ! Plus sérieusement, comprenons-nous bien, il faut écarter de la scène tous les souvenirs de nature à déstabiliser la monarchie…

— Et le souvenir de Napoléon…

— … est une menace, oui !

— Ne doit-on alors laisser représenter que des pièces louangeuses ?

— Non, non ! Au contraire ! Méfiez-vous par-dessus tout des courtisans, des écrivaillons cajoleurs, des parasites zélés : ce sont les plus dangereux. Ces flatteurs plus royalistes que le roi desservent notre cause ! Et l'auditoire n'est pas tendre à l'égard des pièces de circonstance. En tout état de cause, préférons les classiques. Privilégions l'ancien répertoire. Il servira toujours de modèle aux jeunes écrivains.

Là-dessus, Brifaut ne put qu'approuver. Il détestait la nouvelle école. Il songea que dans ce domaine au moins le subordonné du ministre était dans son camp et se demanda ce que Taylor aurait dit de leur entretien.

— Et qu'en pense le public ?

— Mais le public nous seconde… et parfois trop ! ajouta-t-il en riant. Vous n'imaginez pas le nombre de spectateurs qui viennent nous signaler des abus que nous-mêmes avions tolérés. Que d'excès ! Ils sont d'une délicatesse… Ils en deviennent tatillons pour ne pas dire rigoristes… À les entendre, tout devrait être interdit. Quant aux autres, ah ! les autres, mais ils ressemblent à des enfants ! Pris isolément, ils sont doux, dociles, parfois presque timorés ; mais une fois rassemblés, ce sont des diables. Ils se liguent bruyamment et deviennent, ma foi, et deviennent, oui, tout à fait méchants ! (Il inspira une large bouffée d'air, en père désabusé.) Mais entendons-nous bien : trop de censure tue la censure ! Elle doit être juste, servir à combattre les allusions politiques et éviter les troubles à l'ordre public. Rappelez-vous le *Germanicus* d'Arnault : tous ces sifflets, ces cris, ces coups ! La salle transformée en champ de bataille entre royalistes et bonapartistes, et dans lequel les cannes et les banquettes servaient de projectiles. C'est de là que date l'obligation pour le public de déposer les cannes et les armes à l'entrée des théâtres. Aussitôt, la pièce fut interdite, d'autant qu'elle était mauvaise. D'ailleurs, la Commission ne doit pas être nuisible à l'art. Et elle l'est rarement : les pièces refusées sont toujours médiocres.

Comme la plupart des partisans de la censure, l'homme puisait là l'essentiel de son argumentaire : les meilleurs auteurs recueillaient naturellement tous les suffrages. On les distinguait entre tous. Les bons, et il fallait entendre par là les écrivains responsables, conscients, habités par les plus hautes et les plus nobles pensées, s'il leur arrivait de produire une œuvre quelconque, ce qui arrivait certainement, devaient naturellement se rendre et laisser paisiblement mourir leur ouvrage. Quant aux mauvais, ils ne devaient tout simplement pas paraître.

L'homme se leva soudain, écrasa ses deux mains larges et carrées sur la table et déclara en posant sur lui un regard qui le pétrifia :

— Alors, monsieur l'inspecteur ?

Brifaut se redressa à son tour avec difficulté et acquiesça d'une voix inaudible :

— Je suis votre homme.

— Parfait. Je ne vous demanderai plus qu'une signature.

— Ne devais-je pas d'abord être reçu par Son Excellence ? hasarda-t-il encore.

— Son Excellence ? Non, non. Comprenez bien que le temps du ministre est compté et qu'il ne peut recevoir tout le monde.

Et il lui tendit hâtivement le contrat. Brifaut put enfin connaître l'identité de son interlocuteur. Il se nommait Wagner. Le nom confirma les consonances germaniques qu'il avait cru déceler dans sa diction. Tout à ses pensées, il signa machinalement. Mais au moment où il vit l'encre briller, il voulut se rétracter tandis que le collaborateur qui avait repris la feuille la rangeait déjà dans une chemise. En croisant son regard, Brifaut eut une sensation désagréable. Ses yeux bleus pourtant rapetissés par l'épaisseur de ses verres s'étaient abattus sur lui comme un fer tranchant dont il ne put se défaire qu'en détournant ses regards.

En sortant du bureau par une autre porte, Brifaut ne rencontra âme qui vive. Wagner n'avait pas jugé bon de le raccompagner et il ne sut pas immédiatement retrouver son chemin, chercha longtemps, tenta de tourner quelques poignées qui s'alignaient dans un corridor déserté, en enfilade, et ne réussit à regagner la sortie qu'en empruntant un petit escalier dérobé.

Le lundi suivant, Brifaut fit le tour des services. Wagner cette fois l'accompagna en personne mais, sans même jeter le moindre regard sur son hôte, le devança dans les escaliers en soufflant fort. Le nouveau locataire, déjà très impressionné par cette visite du ministère, ne savait définir ce qui de la corvée que constituait ce rôle improvisé de guide, de son embonpoint ou de toute autre raison mystérieuse encore causait au subordonné un tel effort. Brifaut avait la désagréable impression de déranger.

Le tapis rouge s'arrêtait au premier. Il trouva là son cabinet. L'étude était constituée de deux pièces de tailles inégales : d'un vestibule étroit et simplement meublé d'un fauteuil, d'un secrétaire à battants et de quelques vitrines, et d'une autre, beaucoup plus spacieuse, où se trouvait son bureau. Il fureta dans les coins en inspirant de franches bouffées d'air comme pour humer la tâche nouvelle, grave et impérieuse qui lui incombait désormais. Il recomposa dans son esprit la disposition future des lieux, déplaçant dans son imagination le mobilier en fonction de la lumière et de la commodité de la pièce, puis suivit Wagner vers les étages supérieurs. Là, il fit la rencontre de ses quatre collaborateurs : Laya, le fameux auteur censuré de *L'Ami des lois*, délogé par les canons de la Commune, Sauvo, le rédacteur du *Moniteur*, le journaliste Chéron et Delaforest, feuilletoniste à la *Gazette de France* où Brifaut, qui y collaborait aussi, l'avait déjà croisé. Les hommes se serrèrent la main avec une cordialité mêlée d'estime et de prudence. Chacun soupesait l'autre en silence. Brifaut observa autour de lui. Des piles entières de manuscrits étaient disposées sur une large table, par scènes et par catégories. Wagner commenta le classement :

— Comprenez bien, messieurs, que l'examen doit se faire avec discernement. Le poids de votre avis doit s'adapter selon qu'il s'agit de la noble tragédie, celle qui s'adresse aux intelligences subtiles, aux lumières de l'élite, ou du drame vulgaire à destination de spectateurs moins avertis. Il faut absolument prémunir les esprits mal éclairés contre toutes sortes d'excès ou toute forme de débordement. Si vous ne devez jamais laisser libre cours à la moindre appréciation littéraire — nous ne sommes pas critiques, souvenez-vous-en —, il est bien évident que le poète au génie reconnu aura, bien davantage que l'auteur ignoré, les coudées franches…

Les examinateurs acquiesçaient avec gravité à ce qu'ils considéraient comme une évidence. On ne pouvait faire preuve d'une égale fermeté avec tous. Il fallait absolument mesurer les implications que constituerait une sévérité excessive à l'égard des plus grands. Qui ne sentirait le ridicule à traiter pareillement un Molière ou un Chazet ? La Commission elle-même en sortirait affaiblie.

— Surtout soyez impitoyables envers les factieux de la République des lettres ! Certes, vous ne pourrez jamais censurer le style pour cette seule raison, trouvez alors d'autres sujets d'interdiction… Ces hommes-là sont les ennemis du roi.

Brifaut continuait à parcourir du regard la collection de manuscrits. Son cœur se soulevait d'émotion à l'idée que se trouvait là, sous ses yeux, le futur répertoire français. Il caressa machinalement la première pièce qui se situait en haut de la pile extérieure. Le théâtre était entre ses mains. Bientôt sa propre *Jeanne Gray* elle-même serait déposée ici, et soumise à leur appréciation.

Puis Wagner expliqua rapidement, avec une forme de lassitude, en quoi consistait leur tâche. Elle était simple. Les cinq hommes devaient se répartir les textes et rédiger un procès-verbal constitué d'un résumé rapide de la pièce — une ou deux pages au maximum —, puis d'un avis circonstancié qui décidait de l'autorisation ou de l'interdiction. Ils ne devaient pas hésiter à citer les passages les plus licencieux pour étayer leur argumentaire. Il leur tendit alors, en guise d'exemples, quelques rapports anciens. Brifaut les feuilleta avec attention et tâcha de s'imprégner de cette rhétorique à laquelle il était encore étranger, toute une éloquence faite de pondération, d'euphémisme, de mesure mais aussi de fermeté.

La mise en scène des abus, quoique dans un pays étranger, n'est pas sans inconvénient…

Nous pensons que les situations outrées, les sentiments hors et contre-nature, en un mot les hardiesses qu'il renferme ne peuvent se produire que sur une scène essentiellement littéraire…

Il est impossible, disons-nous, de ne pas regretter profondément le souffle d'irréligion qui parcourt tout l'ouvrage…

Il est à craindre que cette pièce ne soit une source d'allusions et d'inquiétudes…

Nous persévérons à regarder la pièce comme inadmissible…

Malgré l'examen personnel des manuscrits soumis à l'appréciation d'un seul, l'usage du *nous* était de rigueur. En parcourant chacune de ces expertises, Brifaut repéra la récurrence de certaines formules et se répéta mentalement les expressions qui allaient désormais constituer son glossaire :

public d'élite
public du boulevard
partie délicate du public
tranquillité générale et calme des esprits
tableaux odieux
scènes contraires à l'ordre et à la morale
grave atteinte à l'esprit religieux
l'ancien répertoire a ses privilèges et ses franchises

obstacle insurmontable à la représentation

préoccupations d'actualité

non sans inconvénient

ajourner la représentation à une époque moins inopportune

les inconvénients que nous trouvons dans cette pièce

dont la reproduction seule devant le public peut révéler la gravité

réveille chez nous les craintes les plus vives

allusions coupables

mots à double entente

nous avons regardé comme complètement inadmissible

le motif qui dicta la décision prise jadis subsiste dans toute sa vigueur…

— Messieurs, conclut Wagner en se détournant, je vous abandonne à votre tâche. Vous connaissez le chemin de mon bureau. Et n'oubliez pas : à la moindre hésitation, remettez-vous-en à Son Excellence…

— Aurons-nous bientôt l'honneur de le rencontrer ? tenta une nouvelle fois Brifaut.

— M. le ministre est très occupé, mais soyez sans crainte, je ferai remonter la requête…

Les yeux énigmatiques de Wagner se posèrent une dernière fois sur Brifaut et le plongèrent dans l'incertitude.

Dès qu'il fut sorti, l'inspecteur respira mieux. Il s'employa à jouer son rôle aussi bien qu'il put, distribua arbitrairement les paquets de pièces aux uns et aux autres tandis qu'il se réserva celles du Théâtre-Français et de l'Odéon. Il fit sonner un laquais qui lui porta sa pile jusqu'à son cabinet avec une nonchalance déroutante, puis une fois à l'intérieur ferma soigneusement la porte et prit possession de son nouveau domaine. Il installa sa table en travers de la pièce de telle sorte qu'il pouvait avoir un œil sur la porte d'entrée ainsi que sur les jardins du ministère. Il resta quelques instants pensif, attablé à son nouveau bureau, heureux de ses nouvelles fonctions, et se demanda pour la première fois ce qu'en aurait pensé son père. Il gardait encore le souvenir de son humeur joyeuse tandis que sa mère restait quant à elle irréparablement attachée à la sévérité de ses lorgnons, à ses sermons et à ses manières tranchantes. Il ne l'avait pas beaucoup connue, du reste, puisqu'elle avait rapidement succombé à une affection de poitrine. Il se souvenait bien en revanche du visage de son père qu'enfant il accompagnait au crépuscule dans ses tournées de commerce de vin qu'il n'avait entrepris, en plus de son cabaret, que pour compléter leurs maigres revenus. Et sur la route, tandis qu'ils rentraient au logis, c'était encore lui qui le rassurait dès qu'il prenait une ombre plus ténébreuse que la nuit pour quelque fantôme venu lui manger les yeux. Le père se mettait alors, pour dissiper ses frayeurs, à jouer la parade ou à singer Arlequin. C'était de lui qu'il avait appris ses premiers vers, de lui aussi qu'il avait découvert Polichinelle et la comédie. Il servait désormais le théâtre et son roi, et songea que son père en aurait été sûrement heureux.

Il posa ses yeux sur les quelques manuscrits qu'il avait sélectionnés et se mit aussitôt au travail. Il examina quatre pièces tout à fait recevables bien que médiocres à son goût, et lut ensuite une pièce scabreuse et en un acte, destinée à une scène secondaire. Elle avait été interdite l'année passée puis proposée pour réexamen, et s'était par erreur glissée entre les autres manuscrits du Théâtre-Français. Brifaut qui voulait régner seul sur tout le répertoire en fut heureux et décida de sa résurrection. L'auteur de la comédie s'était plié aux exigences de la Commission. Il n'y avait donc plus d'inconvénient à la laisser représenter. Brifaut rédigea le procès-verbal avec application :

Le motif de cette mesure était le point de départ de la pièce : un mari ayant laissé son caleçon chez sa maîtresse. La perte de ce vêtement intime avait paru faire entrer trop complètement le public dans un détail d'alcôve et préciser avec trop de netteté la nature et le degré de la scène qui venait de se passer.

L'auteur aujourd'hui suggère de substituer au caleçon un vêtement n'impliquant pas la nudité, comme un gilet de chasse, par exemple. Dans ces conditions, la pièce ne nous semble pas dépasser les limites de ce que l'on a l'habitude de voir au théâtre du Palais-Royal et nous en proposons l'autorisation.

Vers dix-neuf heures et alors qu'il avait déjà étudié deux autres pièces, autorisées moyennant quelques retouches, un coursier frappa à sa porte et lui remit un pli. Lorsque Brifaut l'ouvrit, il fut rempli d'aise : c'était Son Excellence qui le conviait à une réception donnée prochainement au ministère. On ne lui avait pas tenu rigueur ! Mais pourquoi donc ne lui avait-on pas répondu ? Sans doute avait-il exagéré l'affaire de la petite Bourgois dont il s'était depuis détaché sans ménagements. Si jolie fût-elle, il ne s'encombrerait pas d'une femme capable de ruiner sa carrière. Brifaut songea plutôt au bal. Il imagina qu'il allait rencontrer du beau monde, des poètes, des peintres, des comédiens et peut-être même sa belle dame blanche, puis tourna ses regards vers le jardin plongé dans une obscurité étrange et irréelle, mêlée à la réverbération de la neige qui formait sur le sol comme un halo lumineux, et pour la première fois, et à son grand soulagement, il n'y vit rien d'autre que l'espoir nouveau.

Au bout de quelques jours, Wagner frappa à son bureau. La mine entendue, multipliant les précautions, il referma la porte derrière lui. L'affaire était délicate et exigeait du doigté. On lui remettait en main propre un manuscrit de Hugo : c'était *Marion de Lorme*. Le subalterne se lança alors dans une explication. Le poète avait d'abord espéré que le ministre en personne prît connaissance de sa pièce et qu'il la censurât lui-même. Les arguments de Hugo étaient imparables : Casimir Delavigne n'avait-il pas eu avant lui ce privilège ? Pourtant, le ministre avait cette fois refusé — on ne pouvait à l'infini multiplier les mesures dérogatoires, comprenait-il —, mais, pour lui donner malgré tout satisfaction, il avait accepté qu'un seul censeur, contrairement à la règle, s'occupât de sa pièce. Le dramaturge avait alors expressément exigé que Brifaut, une ancienne de ses connaissances, fût le seul à l'examiner, escomptant sa discrétion absolue.

Tandis qu'il tâchait de saisir la portée de ces quelques éclaircissements, Brifaut figea les traits de son visage et fixa son interlocuteur avec intensité. Il tentait de cacher à Wagner la satisfaction qu'il ressentait à l'idée d'avoir été choisi, lui, pour ne pas dire préféré ou élu, par Victor Hugo. Wagner tendit le texte en haussant les sourcils et en inspirant fort. L'inspecteur reçut le manuscrit en fermant les yeux et en hochant la tête comme pour montrer qu'il mesurait toute l'étendue de la confiance et de l'honneur qu'on lui faisait. Puis on se salua.

Mais dès que l'autre fut sorti, Brifaut se précipita sur la pièce et la lut d'un trait. Il la jugea étrange et bigarrée mais conclut, moyennant quelques retouches, à son autorisation. Il avait au préalable tenu à biffer certains passages qui concernaient l'image de Louis XIII et son impuissance dans l'ombre du cardinal, et avait tracé de grandes croix sur les quelques vers qu'il jugeait inconvenants. Alors, il se leva et recula un peu, observant à distance les feuillets empilés sur son bureau. Il tourna la tête vers les jardins puis revint à son manuscrit. Il fut soudain saisi d'effroi : le texte venait, croyait-il, de tressaillir. Il s'approcha encore mais la désagréable impression s'était dissipée. Tout était immobile. Et il ne distingua rien d'autre que le goutte-à-goutte de la neige fondue, venue s'écraser, lourde et sonore, contre le dormant de sa fenêtre.

On frappa.

Qui donc osait le troubler chez lui et à cette heure ? À plusieurs reprises, il sonna Baptiste qui, plongé cette fois dans *Les Veillées du Tasse* de Compagnoni, ne l'entendit pas, et au bout de quelques minutes il dut se lever lui-même.

La porte s'ouvrit sur un homme de taille intermédiaire, ni grand ni petit, qui frottait ses genoux l'un contre l'autre avec embarras. L'académicien l'observa d'abord silencieusement, avec une curiosité dédaigneuse. Il n'aurait su dire ce que toute son allure dégageait. Rien, ni les traits d'un visage que l'individu abaissait craintivement ni ce corps engoncé dans une gesticulation un peu grotesque ne donnaient la nette impression de voir une vraie personne, réelle ou vivante. Une personne en chair et en os. L'homme ne ressemblait à rien. Ou, à la rigueur, à un pantin. Sa figure pourtant lui était familière et lui rappelait quelqu'un.

Puis l'inconnu allongea la tête comme pour se donner du courage, comme pour s'appliquer à répondre à des questions qu'il anticipait déjà, et se lança très humblement :

— Pardon… pardonnez la hardiesse, ou plutôt l'inconvenance… C'est ça, c'est le mot, oui, l'inconvenance de me présenter à cette heure, en ce jour, non vraiment, pardonnez… J'ai bien conscience… un jour comme celui-ci, de repos, du Seigneur… non, vraiment…

L'homme qui chuintait toutes les lettres était manifestement d'origine slave.

— À qui ai-je l'honneur, monsieur ? l'interrompit sèchement Brifaut.

Dans son bafouillage, le bonhomme debout en face de lui faisait tourner entre ses mains un chapeau gris d'un autre âge, au bord élimé. Brifaut l'examinait toujours. Il le prit pour un nécessiteux puis, comme le visiteur ne répondait toujours pas, s'apprêta à refermer la porte sur lui.

— Nous n'avons besoin de rien, monsieur, bonne journée.

Mais l'individu l'arrêta d'un geste ferme, rapide, presque farouche. Ses doigts carrés se fixèrent sur le chambranle de la porte et n'en bougèrent plus. La fermeté du geste sembla le surprendre lui-même puisqu'il se sentit obligé de le rectifier par de petits hochements de tête et des sourires timides et un peu niais.

— Vous êtes… vous êtes bien, je crois, le docteur Brifaut, le docteur Charles Brifaut ?

Au titre de *docteur* qu'il n'avait pas mais qui flattait malgré tout sa personne, l'homme adoucit son expression et répéta d'un ton plus affable :

— Oui. À qui ai-je l'honneur ? Je n'ai pas saisi votre nom.

— C'est moi, c'est moi qui ai l'honneur, vraiment, oui, l'honneur, je dirais même l'insigne honneur de pouvoir travailler à vos côtés…, repartit l'autre en attrapant la main de Brifaut et en la secouant énergiquement.

— À mes côtés ?

— Oui, à la Commission d'examen, monsieur, je veux parler du ministère…

À ces mots, Brifaut se sentit presque rassuré. Il connaissait tous ses collaborateurs par leur nom. On s'était d'ailleurs réparti l'ensemble des tâches. On ne manquait donc de personne, du moins pas d'un individu aussi étrange et déplaisant, car malgré sa déférence, l'homme ne lui inspirait rien de bon.

— Merci mais nous sommes au complet. Vous me communiquerez vos références et nous nous ferons un plaisir de vous trouver un emploi.

L'académicien détourna le regard comme pour signifier le terme d'une conversation qui n'avait que trop duré et saisit une nouvelle fois la porte avec aplomb, d'un mouvement plus décidé et plus définitif.

— Merci, merci infiniment, mais c'est que justement…, le retint-il encore.

— Nous sommes au complet, vous dis-je, répéta l'académicien avec agacement. Allons mon brave, bonne journée !

Il contrefit un sourire et le salua de la tête, les yeux fermés.

— Mais Son Excellence elle-même…

— *Son Excellence* ?…

Brifaut avait amorcé un imperceptible mouvement de

recul et rouvert les yeux avec effroi. Puis il tourna instinctivement la tête en direction de sa chambre. La lettre qu'il avait écrite quelques semaines auparavant traversa son esprit. Il en avait désespérément attendu la réponse. Les derniers mots de l'inconnu lui firent si forte impression qu'ils semblaient presque tenir de la magie. Était-ce là la réponse du ministre ? Cette rencontre était-elle un signe ? Ou bien un avertissement ?

— Oui, Son Excellence elle-même me charge de vous trouver…

— Vous connaissez donc M. le ministre ?

L'incrédulité de Brifaut était manifeste. Aux défroques, au chapeau élimé, à toute cette physionomie médiocre et effacée, la chose était à peine croyable.

— Oui, monsieur le docteur…

Le titre, bien qu'usurpé, lui fit à nouveau chaud au cœur. Il s'imagina que le ministre, malgré la lettre, devait encore parler de lui dans les meilleurs termes — *le ministre en personne*… — et songea que c'était peut-être même lui qui employait le titre de docteur en privé. Après tout, en tant qu'académicien, ne siégeait-il pas aux côtés des plus grands ? N'était-il pas devenu un peu docteur par imprégnation ?

— Oh, à côté de vous, bien sûr, non, je ne suis… à tout le moins… en tout état de cause…

Cependant, la pensée fugace que l'interlocuteur cherchait à le flatter lui vint à l'idée :

— Je me suis essayé, comme beaucoup, à la comédie. Une ou deux petites choses, trois fois rien, pour ainsi dire, en comparaison de votre illustre *Ninus II*, et au Théâtre-

Français… C'est un honneur pour moi, vraiment, un insigne honneur…

Mais la haute opinion qu'il avait de lui chassa aussitôt cette pensée. Il prit alors conscience qu'il manquait au plus élémentaire savoir-vivre en n'invitant pas son hôte, son collègue, son confrère même, à partager une tasse de café.

— Mais entrez donc. Le corridor est mauvais. Vous attraperiez du mal.

— Oh, non, non. Ce n'est pas… Et puis j'ai à faire, je veux dire, vous… D'ailleurs, nous nous voyons demain, n'est-ce pas ? Il y a tant à faire…

— Oui, en effet, mais donnez-vous la peine…

Brifaut avait entièrement ouvert la porte et faisait de grands gestes du bras.

— Je me sauve, monsieur, cher maître, charmé, absolument charmé !

L'individu, qui avait déjà disparu, lui laissa une désagréable impression. Brifaut s'aperçut qu'il ignorait même son nom. Il aurait pourtant juré le lui avoir demandé. Qu'est-ce que tout cela signifiait ? Comment ce pauvre diable pouvait-il bénéficier des faveurs du ministre, lui qui n'avait pas encore eu l'honneur d'avoir été reçu ? Et comment surtout n'en avait-il pas été informé régulièrement, comme il se devait, par la voie hiérarchique ?

Il plongea une dernière fois ses regards dans l'hélice de l'escalier. Mais l'homme gris s'était évanoui comme une ombre, sans laisser de trace.

Lorsque Baptiste effleura sans un bruit le dos de son maître, celui-ci sursauta puis éclata :

— Animal ! D'où sors-tu donc ? Et où étais-tu ?

— Mais…

— N'entends-tu jamais lorsqu'on te sonne ? Combien de fois faudra-t-il te le dire ?

— Me sonner ? Quand donc…

— Là, à l'instant, cinq fois, dix fois, avant d'être dérangé par ce… ce pauvre diable !

— Qui donc ?

— Est-ce que je sais, moi ? Le bougre ne m'a rien dit… Mais toi, tu as bien dû l'entendre, n'est-ce pas ? Tu devais encore paresser quelque part, l'oreille à l'affût…

— Non, non ! Qu'aurais-je dû entendre ? (Puis, comme il ne supportait pas d'être houspillé pour si peu, il haussa le ton :) Ah, non ! Est-ce ma faute à la fin si vous n'appelez pas comme il faut ? Je vous répète que cette sonnette-là est inaudible ! Mais vous vous entêtez, comme toujours !

— Vas-tu te taire, insolent ?

À ces mots, Baptiste, haussant les épaules, se mit à sourire :

— Bah ! Que vous sert-il de vous emporter contre moi ? Cela vous ressemble si peu… Je ne sais pas ce qui peut vous mettre dans un tel état. Décidément, votre nouvelle nomination ne vous vaut rien.

Enfin, Baptiste ajouta d'un air patelin : « Allons, c'est dimanche, prenez donc un vrai repos. »

vide. Face à lui, les dossiers silencieux dans leur vitrine avaient été minutieusement disposés par scènes, par genres, par catégories et semblaient patienter, guetter, attendre avec inquiétude que l'on vînt statuer sur leur sort. Il émanait d'eux, malgré l'absence du copiste, comme une forme de vigilance suspicieuse, et en les étudiant de plus près, Brifaut n'aurait su dire qui des manuscrits ou de lui-même surveillait l'autre. Il s'avança davantage vers les rayonnages austères et fut frappé par le reflet que lui renvoyaient les carreaux bosselés : c'était une réflexion de lui-même, brune, vague, inégale, presque démultipliée. Seul dans le vestibule, il lui semblait être plusieurs et les excroissances de son image donnaient en même temps l'illusion que les manuscrits, à leur côté, remuaient librement.

Il remarqua soudain que les pièces déjà examinées avaient quitté l'emplacement que lui avait désigné le secrétaire. Il imagina d'abord qu'il s'agissait d'une erreur, ouvrit la vitrine, rien, tous les textes étudiés avaient disparu avec leur rapport. Il les chercha partout puis pénétra dans la seconde pièce, celle que le secrétaire ne devait pas avoir encore profanée et qui, par bonheur, n'appartenait qu'à lui seul.

Le soleil s'était levé sur les jardins tout blancs du ministère et cette vision seule le rassura. Une lumière hivernale, légère et pâle, était venue se déposer doucement sur sa table de travail, reproduisant les ombres rectilignes et nettes des montants de fenêtre qui, de leur présence impassible, semblaient vouloir maîtriser et apaiser, depuis l'extérieur, la tempête qui agitait Brifaut. De larges gouttes de neige fondue de matin ensoleillé d'hiver tombaient une à une, lourdes et sonores, des arbres et des gouttières.

Puis, comme il ne trouvait toujours pas le moindre de ses documents, il se dirigea vers sa commode de bureau et en tira le tiroir supérieur. Le bandeau se mit alors à basculer pour laisser place à un plateau recouvert d'un cuir rouge sang, aussi vierge que le reste de la pièce. Les manuscrits s'étaient bien volatilisés. L'affolement lui brûla soudain les tempes. Il se mit d'abord à faire des mouvements désordonnés puis s'affaissa sous l'effet de l'abattement. Qu'allait-il devenir si ces pièces s'étaient égarées ? Comment ? Par magie ? Devait-il comprendre qu'en plus d'être fou son secrétaire était un voleur ? Comme il regrettait de ne pas avoir écouté les conseils avisés de la marquise de Grollieu… Il songeait à ces villégiatures insouciantes, ces promenades à travers bois, ces bonnes œuvres, ces mots d'esprit, ces conversations sans conséquences, à tout ce que ce paradis perdu lui avait procuré de bonheur et qu'il avait troqué par orgueil ou bien lâcheté contre un service rendu à son roi. Devrait-il un jour en être récompensé ? Ses regards se perdirent quelques instants dans les vapeurs du petit matin et il tenta d'expliquer cette disparition par quelques causes rassurantes. L'homme avait dû les porter ailleurs, chez ses confrères ou ses supérieurs. Chez le ministre peut-être ? Et si le secrétaire avait vu vrai ?

Sentant que ses réflexions ne le conduiraient nulle part, Brifaut sortit de la vitrine quelques manuscrits en attente et se plongea dans le travail.

Vers le début de l'après-midi, alors qu'il n'avait pas

encore songé à déjeuner, il entendit depuis le vestibule un discret remue-ménage, des couinements de portes et de vitres, de timides déplacements de meubles. L'inspecteur se leva promptement, ouvrit la porte et surprit son secrétaire en train de remettre les textes à leur place.

— Où donc les aviez-vous emportés ? Savez-vous qu'il nous est formellement défendu, à nous *examinateurs* (il articula chacune des syllabes avec insistance), de les sortir hors du ministère ? Eh bien ?

— Chez Son Excellence, cher maître. Je les ai présentés ce matin au ministre, répondit doucement le secrétaire tandis qu'il poursuivait son classement d'un geste lent et méthodique, je croyais bien faire. Vous êtes parti si vite…

— Oh ! rectifia Brifaut avec prudence, très bien, très bien. Et tout va pour le mieux, je présume ?

— Tout à fait bien. Il vous fait dire que ses avis sont définitifs mais qu'il souhaite malgré tout se dégager de toute responsabilité. Aussi tient-il à ce que le cachet de la Commission ainsi que vos cinq signatures soient apposés au bas de ses recommandations. (Puis glissant ses regards vers la pièce du fond :) Mais je vois que vous avez encore bien avancé, cher maître. Puis-je emporter les nouveaux manuscrits chez Son Excellence ?

— Faites, faites, murmura Brifaut.

Ces dernières paroles avaient jeté en lui un trouble indéfinissable, et dès que le secrétaire eut tourné les talons Brifaut se jeta sur les procès-verbaux. Les premiers étaient validés, mais le ton du dernier le glaça. *Marion de Lorme* de Victor Hugo, dans lequel le nouveau ministre voyait une attaque contre son roi, était refusé. Ce qui alarma Brifaut, ce n'était pas tant le fait que son expertise eût été désavouée, ce qui en d'autres temps l'aurait pourtant mis en fureur, que l'exactitude de l'avertissement de son secrétaire. Connaissait-il si parfaitement le ministre qu'il anticipait même ses pratiques ? Étaient-elles à ce point publiques ou notoires ? Ou bien exerçait-il sur lui une influence quelconque ?

Il releva soudain la tête comme frappé d'une révélation : qui était-il ? Il ignorait encore son nom.

Dans les jours qui suivirent, Brifaut tâcha d'arriver de plus en plus tôt au ministère. Mais pour une raison qui lui échappait encore, son subalterne le devançait toujours. L'homme en gris était depuis le matin, et parfois même aux aurores, invariablement installé dans le vestibule, face à la porte, derrière des piles de manuscrits, et les annotait sur des feuilles libres, les comparant, les évaluant et les triant avec application. Jamais Brifaut ne parvint à l'office le premier, jamais non plus il ne réussit à précéder le copiste dans sa course invisible. Il finit même par le soupçonner de dormir sur place. Il devenait suspicieux, traquant les faits et gestes de son collaborateur plus que les mots déplacés qu'il était censé examiner dans les manuscrits. Cela occupait tout son temps. D'où venait-il ? Quelle rue, quel escalier, quel couloir empruntait-il pour se rendre si vite au bureau ? Il inspectait des yeux le vestibule dans l'espoir d'y trouver un indice. Un drap, une étoffe, n'importe quoi pourvu que cela pût lui donner un début de réponse. Rien. De guerre lasse, il abandonna ses recherches et changea de tactique. Ainsi, parce que l'autorité tient souvent à la façon dont on occupe l'espace, à une présence déclarée, assidue et offensive, Brifaut décida-t-il de quitter son bureau le dernier.

La journée, ils travaillaient côte à côte dans un silence religieux, l'un dans le vestibule, l'autre dans la grande salle, et l'on n'entendait plus que le bruit de la plume grattant le papier et celui des feuilles que l'on tourne ou froisse. Vers dix-huit heures, l'inspecteur donnait congé à son secrétaire qui abandonnait l'office de mauvaise grâce, après s'être plusieurs fois assuré qu'il ne lui serait plus d'aucune utilité, et Brifaut devait alors souvent le raccompagner jusqu'à la porte, allant jusqu'à presser son épaule d'une main ferme et autoritaire.

De temps à autre, l'inspecteur restait perdu dans ses pensées, observant depuis l'autre pièce le fonctionnaire au travail, ces gestes scrupuleux, cette face éteinte, cette main notant gravement des observations qui s'amoncelaient autour de lui, et tâchait d'en percer le mystère. Mais le secrétaire restait étranger aux regards étonnés de son *cher maître* et ne s'adressait à lui qu'avec une civilité si obséquieuse qu'elle suscitait chez lui un malaise grandissant. Comme il prenait à cœur son métier et qu'il était sensible à la grandeur de leur fonction (car avec le temps, elle était aussi devenue la sienne), il ne permettait jamais qu'on l'entraînât vers des régions plus privées. Brifaut tenta bien quelques allusions à sa famille, à son domicile, espérant en connaître l'adresse, à ses habitudes ou à son nom. En vain. Leurs conversations restaient obstinément circonscrites au domaine professionnel et Brifaut ne creusa pas davantage, craignant par ses indiscrétions de désobliger le ministre ou, pis encore, son épouse. Il finit cependant par obtenir son nom. L'homme s'appelait Kovaliov, né d'un père russe et d'une mère française. Avec le temps et les bribes d'informations qu'il lui extorqua, Brifaut réussit à reconstituer un semblant de biographie dont le caractère romanesque et fort peu vraisemblable le dérouta un peu : Faustin Kovaliov, considéré à tort comme un décembriste, avait dû fuir la Russie en 1825, parce qu'il s'était par hasard retrouvé place du Sénat, le 14 décembre à onze heures du matin, au milieu des trois régiments de mutins. Ce fils illégitime de Nicolas Vassilievitch Kovaliov, bureaucrate austère et tatillon, et de la Marienne qui servait chez La Harpe, autrefois précepteur d'Alexandre Ier, avait été élevé dans le respect de l'ordre, du tsar et de la nation. Malgré son exil forcé, jamais Kovaliov n'avait tenu rigueur à Nicolas Ier de son erreur de jugement, convaincu de ce qu'en temps de crise toutes les instructions devaient s'appliquer avec autorité et rigueur, quitte à égratigner au passage quelques innocents. Surtout, il partageait encore avec le nouveau tsar le goût de l'espionnage et de la censure…

Dans les commencements, Kovaliov suggéra à Brifaut quelques retouches, hasarda certains conseils puis, gagné par la confiance et la familiarité que le temps accorde même aux êtres les plus étrangers, se montra de plus en plus hardi. En quelques semaines, l'inventaire des suggestions qu'il s'était constitué avait pris de l'ampleur.

Un jour que Kovaliov était entré dans le bureau de son

supérieur, sollicitant un entretien de la plus haute importance, Brifaut resta interdit : l'homme avait pu, grâce à ses récents émoluments sans doute, renouveler sa garde-robe car l'habit élimé avait été remplacé par une redingote *à la propriétaire* en gros drap gris, pantalon et gilet assortis, et une belle cravate de laine. Le costume, sans être à proprement parler élégant, avait le mérite d'être convenable. En cela, il paraissait radicalement changé. L'habit neuf lui donnait de surcroît une certaine forme de prestance qui laissait l'inspecteur partagé : il aurait voulu complimenter l'effort qui rayonnait, par voie de conséquence, sur le cabinet tout entier, et donc aussi sur le maître, mais s'inquiétait de ce que cet habit neuf estompait trop la hiérarchie, nivelait les différences et diminuait du même coup son autorité. Brifaut lança un coup d'œil dans le miroir. La vue de plus en plus déclinante, il dut faire le point, mais la mise artistique et l'étoffe de sa cravate en soie verte le consolèrent un peu de ses premières préventions.

Indifférent aux atermoiements de son maître, Kovaliov s'était déjà lancé dans un réquisitoire contre les licences de toutes sortes. Il était d'abord d'avis de supprimer certains mots : grecs, arabes, germains, tout ce qui était de nature à offusquer les officiers ennemis qui envahissaient désormais nos salles parisiennes (ces mêmes mots qui, dans une traduction du russe ou de l'allemand, auraient à ses yeux constitué une circonstance atténuante, pour lesquels il aurait fallu faire preuve de souplesse et de diplomatie et conserver l'idiosyncrasie de la langue, en signe d'amitié entre les peuples) ; puis rayer *citoyen*, *arme*, *servitude*, *joug*, jugés trop politiques ; il voulut retoucher certains vers de Racine ; faire disparaître de la scène, depuis la loi sur le sacrilège, tous les évêques, tous les envoyés de Rome, tous les membres de l'Inquisition ; prohiber, après *Polyeucte*, le *Tartuffe* de Molière devenu un enjeu pour tous les mangeurs de prêtraille ; interdire jusqu'à la mention d'une chicorée à la mode, plus connue sous le nom de « barbe de capucin » et soudainement devenue blasphématoire. Le copiste y voyait là une allusion directe aux « capucinades » de Charles X, c'est-à-dire à ces actes de dévotion dont les journaux se gargarisaient. Il suggéra que l'on demandât à son auteur de lui préférer la liste suivante de salades qu'il avait glanées ici ou là dans les dictionnaires les plus savants : chicorée sauvage, frisée, blanche, laitue « Romaine », « à Coquille », « de Gênes », « Rouge », « Perpignanne », « Impériale », « d'Aubervilliers », « George », les « Chicons », les batavias, la « Dauphine », la « Grosse Blonde », les romaines, la laitue « Cocasse », la « Palatine », la « Laitue royale d'hiver ».

Alors même que l'employé traquait dans chaque mot une malveillance toujours suspecte et toujours délibérée, il tendait timidement à Brifaut ses petites fiches, quémandant d'un regard douloureux son approbation. Son visage, qui n'affichait habituellement aucune expression particulière, manifesta lors de cet entretien une souffrance déplacée, exagérée et presque inconvenante : les deux sourcils se rejoignant dans l'épreuve faisaient plisser le front et la tête s'inclinait légèrement dans l'attente d'une réponse. L'écart entre la défiance maladive de l'homme et l'humilité de ses manières plongeait le chef de bureau dans des abîmes de perplexité.

Il examina la dernière requête de son subordonné, le regard perdu dans les profondeurs du jardin. L'inspecteur aimait les poètes et refusait d'entrer avec eux en guerre. Mais il était vrai aussi qu'il aimait plus encore son roi. Ainsi, tout ce qui pouvait être de nature à le mettre en péril devait-il être combattu avec force. Il finit donc par se ranger à l'avis de son collaborateur et biffa la *barbe de capucin* partout où elle apparaissait. Lorsqu'il parcourut des yeux sa liste de salades, il l'avertit cependant que certaines avaient une coloration tout aussi politique que son endive impie et qu'il y avait lieu de se méfier de la « Romaine », de la « Rouge », de l'« Impériale », de la « Dauphine » ou de la « Laitue royale d'hiver ». Le secrétaire acquiesça gravement puis repartit, de son pas docile et silencieux, à ses classements.

Puis l'homme se constitua un glossaire considérable de mots interdits, de noms propres, de termes à double entente, et demanda une nouvelle audience à son maître. Il chaussait ce jour-là de petites lunettes à monture d'écaille qui lui donnaient de faux airs de docteur. C'était contre la ponctuation qu'il s'insurgeait désormais. Les manuscrits étaient recouverts de points de toutes sortes — point-virgule, suspensif, interrogatif… —, si bien qu'il y voyait là une manie, et presque une mode dangereuse. Le point d'exclamation surtout le mettait en rage. Une colère rentrée durcissait son visage froid et laissait passer dans ses yeux, malgré l'épaisseur des verres, des éclairs fauves.

— Il faut interdire tous les signes de nature à éveiller les soupçons, expliqua-t-il d'une voix tranchante.

— Quels soupçons?

— Le point d'admiration (il utilisait encore l'ancien nom) est délibérément expressif et les auteurs en abusent.

— Mais comment exprimez-vous la colère, la surprise ou la joie si ce n'est par l'exclamative?

Brifaut, interloqué par les lubies chaque jour nouvelles de son secrétaire, l'interrogeait, songeant néanmoins après coup qu'il ne tenait qu'à lui d'y mettre fin.

— Justement. Il est nécessaire, absolument nécessaire même, de garder toute mesure. Trop d'émotion tue l'émotion. Le théâtre doit d'abord instruire. Et ces passions-là sont dangereuses. Elles sont susceptibles d'exciter les âmes les plus sensibles.

Tandis qu'il parlait, le copiste défaisait les piles de manuscrits, les reclassait délicatement par tas, en sélectionnait certains, en réinsérait d'autres, les effleurant parfois de la main comme d'une caresse. L'idée fugitive que son secrétaire avait pris possession des textes comme de biens propres, n'appartenant qu'à lui-même et sur lesquels il s'arrogeait le droit de vie ou de mort, traversa l'esprit de Brifaut avant de disparaître aussitôt, remplacée par d'autres pensées, emportée comme souvent par le flot de la conversation, ensevelie, sommeillant sous les plis et les replis d'un aveuglement obstiné, avant de ressurgir beaucoup plus tard, trop tard, des limbes du pressentiment initial, du fin fond de la conscience. Cette idée ne referait surface qu'au bout de quelques mois.

Kovaliov tendait une à une les pièces vers son interlocuteur et les commentait, sans même les consulter ni les ouvrir, comme s'il les avait apprises par cœur.

— Je suis par exemple d'avis de proposer l'autorisation de *L'Espion*, à charge pour Léon Halévy de faire disparaître les phrases admiratives et le tutoiement des jeunes gens au premier acte, et notamment dans les scènes 2 et 3. Tenez, ajouta-t-il encore, observez ces dix lignes de points dans *Le Dernier Jour de Tibère*. Voyez, là, après le mot *jamais*. Constatez vous-même. Tous ces points de suspension. Je les ai comptés. Il y en a plus de trois cents ! Nous ne pouvons tolérer l'éloquence de ce silence ! Il faut réclamer ! Interdire peut-être pas, mais au moins réclamer. Qu'Arnault retire ses points ou du moins qu'il les remplace par des mots dont le sens ne souffrira aucune ambiguïté !

Perdu dans ses pensées, Brifaut eut soudain l'impression de se réveiller d'un mauvais songe et retrouva toute sa vivacité d'esprit :

— Mais jamais les points n'ont encore été cités en police correctionnelle ! Vous perdez le sens commun, mon ami. Vous recherchez donc la révolution… Je vous assure que vous mettrez contre nous tous les directeurs de théâtre, tous les écrivains, y compris les plus modérés !

— Oui, oui, acquiesça l'autre comme pour montrer qu'il avait déjà anticipé l'argument, mais voyez-vous, l'irritabilité des hommes de lettres est bien connue, elle est pour ainsi dire légendaire… Le public le sait parfaitement. Et puis, ils sauront mettre un mouchoir sur leur sensibilité. Ils devront bien s'y faire puisqu'il faut que chacun se plie à la règle.

Brifaut l'observa fixement, signifiant par cette attention soutenue combien il se sentait lui-même visé par ces accusations. Ce n'était pas la susceptibilité qui l'avait autrefois meurtri lorsque son *Ninus II* avait été censuré, non, c'était ce sentiment d'injustice, cette violence extrême à lui faire dire ce qu'il s'était même jusqu'à refusé à penser. Et il avait souvent songé qu'il était plus facile de lutter avec les mots effectivement prononcés qu'avec ceux que les autres nous inventent, ces intentions imaginaires et donc infiniment plus dangereuses parce que jugées sournoises et déloyales. Il restait convaincu que les paroles se tarissent d'elles-mêmes tandis que le non-dit est un puits sans fond qui cède à toutes les extravagances. Le copiste était tout ce que lui-même avait à redouter : il s'attaquait non pas à ce que l'auteur disait ni même à ce qu'il voulait dire, mais à ce qu'il ne disait justement pas et s'en prenait au silence.

Brifaut secoua la tête en inspirant fortement. Puis, après un temps d'arrêt qui suggérait assez sa désapprobation, il ponctua sèchement :

— Donnez-moi ces manuscrits. Il est de ma responsabilité d'inspecteur de m'en charger moi-même.

Le copiste bredouilla quelques mots d'excuse, puis d'approbation, puis d'excuse à nouveau et, avec la souplesse d'un chat, disparut dans les couloirs du ministère.

Dans les temps qui suivirent, il ne reparut plus au bureau.

En désarçonnant une nouvelle fois son patron, Kovaliov sembla emporter la partie. À certaines indications cependant, une plume ou un dossier déplacés, Brifaut sut qu'il était passé par le cabinet, mais il ne parvenait à savoir ni quand ni comment. Travaillait-il de nuit ? Ou encore le dimanche ? L'homme laissait derrière lui une odeur indéfinissable, un je-ne-sais-quoi de renfermé que l'inspecteur reconnaissait immédiatement dès qu'il passait la porte, et qu'il ne parvenait à se figurer ou à traduire que sous la forme d'une couleur, ou plutôt d'une non-couleur, le gris, une teinte sans valeur, poudreuse et mélancolique comme une ombre, et qu'il associait désormais au lieu et à la fonction.

Le soir, lorsque son maître rentrait, Baptiste, bien qu'il somnolât encore, repu de lectures, à moitié étendu sur le sofa de l'antichambre, la reliure cassée sur le ventre, ouvrait une paupière et ne remarquait que trop les changements de son maître. Il avait vu d'un mauvais œil l'orientation nouvelle qu'avait prise sa carrière, avait désapprouvé son entrée au ministère, lui l'académicien, le poète, l'homme de génie, et le lui avait dit haut et fort. Il s'enquérait parfois, sur un ton à la fois sévère et intimidant, celui d'un parent qui désapprouverait le choix de son enfant, du sort de sa *Jeanne Gray*, mais Brifaut restait évasif et distrait. Et il semblait que ce qui l'avait animé, maintenu vivant, exalté même, il semblait que tous ses projets dramatiques ou poétiques s'étaient soudainement taris comme une source. Baptiste, malgré son indolence, était inquiet. Le maître, plus taciturne qu'autrefois, plus préoccupé aussi, l'esprit souvent ailleurs, lui répondait machinalement sans saisir ni entendre ce qu'on attendait de lui — instruction ou contrordre —, et restait des heures le nez collé à la fenêtre à scruter la rue, attendant on ne sait quoi. D'autres fois, il délogeait de leur vitrine des livres, de poètes pour la plupart, qu'il feuilletait à peine, abandonnait sur le manteau de la cheminée (et que Baptiste en son absence parcourait fébrilement pour comprendre et peut-être même soulager, seconder, secourir, puis, parce que les livres ne lui disaient rien, les remettait aussitôt à leur place, la mort dans l'âme), ou bien disparaissait après le souper pour ne reparaître qu'au milieu de la nuit. Incapable de fermer l'œil, le domestique, qui ne reprenait officiellement du service qu'à la première étoile visible dans le ciel, faisait les cent pas jusqu'à son retour et ne parvenait à s'endormir tout à fait que lorsque les ronflements de son maître, sonores et réguliers, berçaient la maison tout entière.

Certaines nuits, les cris de l'académicien déchiraient si terriblement le silence de l'immeuble que les domestiques, craignant le pire, se relayaient à son chevet jusqu'au petit matin.

Si la présence de Kovaliov, pénible et oppressante, avait dans les premiers temps agité l'esprit de Brifaut, son absence désormais, parce qu'elle signifiait tout à la fois l'incertitude et l'attente, ne lui laissait plus aucun repos.

Que faisait-il de ses nuits ? Il s'était d'abord mis à sillonner les rues de Paris et à suivre, sans but précis, quelques passants égarés. Puis avec le temps et une curiosité fébrile, mauvaise, irrépressible, il s'intéressa à eux, commença à scruter le moindre de leur geste et tâcha de deviner leur destination, leur compagnie et leur existence. L'expérience se renouvelait chaque nuit mais n'offrait au voyeur que des satisfactions stériles. Un soir, alors que l'humidité de la ville s'était faite plus glacée encore que les soirs précédents, il reconnut Victor Hugo dont le visage brusquement éclairé par la lumière d'un bec de gaz lui parut plus jeune qu'avant. La première fois, il le suivit jusque chez lui, du côté de la rue de Fleurus, où il le vit saluer en passant David d'Angers, adossé à son atelier. Puis Brifaut prit l'habitude, en quittant son bureau, de se poster discrètement près de la maison de l'écrivain, en face de la sortie principale de la rue Notre-Dame-des-Champs, au numéro 19 ; puis, parce qu'il ne la découvrit qu'ensuite, furieux contre lui-même de comprendre si tardivement pourquoi il ne croisait plus son poète, il se plaça discrètement devant la porte dérobée de la rue Duguay-Trouin. Il guettait depuis l'extérieur malgré le givre des fenêtres éclairées ses visiteurs, sa famille, puis le cénacle qui avait su remplacer le sien, son ancienne petite « ruche » de la rue du Bac, et voyait défiler dans le jardin de derrière Nodier, Soumet et les autres, et crut même un soir reconnaître Lamartine. Mais ces dîners s'espacèrent. Hugo avait repris l'habitude de sortir.

Alors, Brifaut le traqua de nouveau. Une lampe à huile à la main, l'écrivain se faufilait discrètement dans les rues, se rendait à pied jusqu'à Notre-Dame, et aussitôt qu'il frappait à une petite porte latérale se la faisait ouvrir furtivement, avec suspicion. Fort heureusement, il ne la verrouillait pas immédiatement après lui et Brifaut pouvait se glisser derrière, silencieusement, sans en être aperçu. Il stationnait à distance et suivait de loin, à la lueur de la flamme qui se déplaçait dans l'immensité de la cathédrale comme un astre mobile, les pas sonores et décidés du poète. Brifaut cherchait à comprendre l'objet de ses visites qui n'excédaient pas un quart d'heure. Que venait-il donc faire ici, seul, dans l'obscurité tenace et oppressante de la travée centrale ? Ce n'est que lorsqu'il le vit écrire pour la première fois, griffonnant quelques notes sur l'agenouilloir d'un prie-Dieu, qu'il comprit, du moins le crut-il, que son drame prochain devait probablement se tenir dans ce lieu. Il aurait donc, en tant que censeur attitré, à l'examiner ! Cette découverte le remplit de joie, comme s'il eût fait l'acquisition d'un bien nouveau. Brifaut connaissait, avant tout le monde, avant même son secrétaire, le décor de sa pièce prochaine ! Il en réserverait la primeur au petit cercle de Brunoy. La nouvelle ne manquerait pas de faire son effet ! Mais le dernier soir, tandis que les cloches de la cathédrale sonnaient onze heures et qu'il le suivait encore, les pieds glacés, transis de froid, s'enfonçant dans la neige, une feuille qui venait sans doute de se détacher du reste de ses notes tournoya quelques instants au-dessus du crâne de Hugo sans que celui-ci remarquât sa perte. Brifaut courut, parvint à la rattraper et voulut héler son collègue. Mais aucun son ne sortit de sa bouche. Il en fut le premier étonné. Il réfléchit. C'est qu'il hésitait à la lui rendre et ne résistait pas à l'envie de la lire d'abord. Il se posta sous une lampe. La note était très courte. Il ne s'agissait que de quelques vers :

Oui, je veux voir brûler les flambeaux et les cires
Voir Notre-Dame, au fond du sombre corridor,
Luire en sa châsse ardente avec sa chape d'or ;
Et puis m'en retourner…

Il avait donc vu juste ! Son prochain drame se jouait là, dans la cathédrale ! Alors il courut pour écourter la distance qui le séparait de l'écrivain puis le suivit jusque chez lui. Au moment où il atteignit sa maison, Adèle Hugo ouvrait déjà la porte à son mari et lui parlait d'une recette italienne de macaronis. La porte claqua presque sur lui. Parvenu sur le seuil, Brifaut fit un geste pour toquer à son tour puis se ravisa. Comment pourrait-il justifier la rencontre ? Il ne pouvait décemment avouer qu'il l'avait suivi depuis Notre-Dame et prétendre que le hasard seul les avait fait se retrouver.

L'événement, qui le grisa un peu, lui rendit aussi quelques forces et, plutôt que de se cacher la nuit, le décida à se montrer au grand jour. Il rangea les quelques vers à l'intérieur de son écritoire, se promettant de restituer au poète, dès que l'occasion s'en présenterait, « tout le miel de son génie ». Il se mit ensuite en quête d'un tilbury plus adapté à la neige et la boue, qu'il acheta au prix fort, entretint avec faste et dans lequel il parada régulièrement, guidé par deux chevaux pommelés récemment acquis.

La dernière mode voulait que l'on désertât un peu les Tuileries à cause de cette promiscuité déplaisante qui voyait affluer le dimanche tout un peuple bruyant de marchands, boutiquiers, d'employés, artisans, ouvriers. Et il ne s'agissait pas non plus de sortir à n'importe quel instant de la journée. Le moment était tout aussi politique que le lieu. Il y avait l'« heure du Bois » ou le « jour du boulevard », et Brifaut, en homme du monde, connaissait bien les codes. Il maîtrisait toute cette stratégie sociale selon laquelle les places, les circonstances et les rythmes divisent le monde en deux camps.

Les allées des Tuileries délaissées avaient déplacé toute l'aristocratie du côté des Champs-Élysées.

Ce jour-là, au milieu du défilé de voitures, la sortie de Brifaut ainsi que son nouvel attelage furent particulièrement remarqués. Un embarras de cabriolets, cependant, l'obligea à marcher au pas, ce qui lui donna l'occasion de saluer de la tête les quelques promeneurs qu'il connaissait déjà ainsi que tous ceux qui le dévisageaient pour la première fois. Quelques écrivains l'identifièrent aussitôt et se pressèrent pour le saluer avec beaucoup de cérémonie. Mais ce fut auprès des dames surtout qu'il connut un vif succès. Tout Paris avait su de quelle manière il s'était dépris de Mlle Bourgois et bien que beaucoup désapprouvassent la méthode, nombreux étaient ceux qui, blâmant la vulgarité et les mœurs légères de la comédienne, finirent par lui donner raison. Les mères virent en lui un parti et précipitèrent dans ses bras leurs filles. Ainsi, en le croisant, la duchesse de *** s'enthousiasma d'une voix suffisamment forte pour espérer être entendue. Avec une ferveur exagérée, elle rapporta à son aînée le spectacle mémorable qui avait dix ans plus tôt enfiévré le Théâtre-Français, ce *Ninus II* dont elle se souvenait encore et dont elle écorcha pourtant le titre, devenu, dans son impatience à le célébrer, *Minus II*. Mais Brifaut les avait déjà dépassées et dispensait à d'autres des salutations profondes. L'encombrement finit par se dissiper et les deux chevaux entamèrent un trot qui lui laissa quelques secondes de répit avant de s'arrêter un peu plus loin à la hauteur d'un cab aux chiffres du prince de ***, dont le faste retint son attention. Il tendit son cou pour mieux voir et reconnut, coincée entre deux hommes en pleine conversation, la jeune Bourgois.

— Tiens, comme ça tombe ! Brifaut !

Surpris de la trouver là, l'inspecteur la salua en silence, dévisageant en même temps que la jeune comédienne, qui était décidément toujours aussi piquante, les deux messieurs. Ils s'étaient tus et le scrutaient déjà avec curiosité. Cherchant alors les mots pour entamer les présentations, elle se redressa et ajouta d'un ton affecté de femme du monde :

— Mais si, voyons, c'est ce monsieur qui… vous savez…

Les hommes soulevèrent les sourcils et hochèrent la tête comme s'ils avaient soudain compris à qui ils avaient affaire, et se courbèrent avec une déférence suspecte. Brifaut leur rendit en silence leur salut.

Alors sifflant à la vue du tilbury flambant neuf, Mlle Bourgois oublia ses manières et ajouta en connaisseuse :

— Quel luxe ! C'est que les affaires reprennent ! Mais détendez-vous donc ! On dirait une colonne de marbre : vous êtes froid et poli ! Oh mais, j'y pense…

Mlle Bourgois n'eut pas le temps de finir ni Brifaut celui de répondre car ses chevaux avaient de nouveau entamé un trot qui l'arracha à elle ainsi qu'à ce qu'il prit pour des rires. La rencontre l'avait mis hors de lui. Une colonne de marbre, lui ? Quelle honte ! Et quelle indécence ! S'exhiber ainsi en compagnie si inconvenante ! Cette femme était décidément d'une vulgarité achevée ! À qui croyait-elle donc s'adresser ? À lui, un académicien et inspecteur de surcroît !

Il quitta les Champs-Élysées et erra avec son attelage et sa fureur dans les rues de Paris, s'en revint par Bercy, les quais et les boulevards jusqu'à la rue Vendôme. Un deuxième embarras de voitures bloqua de nouveau la sienne à la hauteur d'un étrange attelage dont les tentures intérieures pourpres et dorées l'intriguèrent et arrêtèrent ses regards. Brifaut se redressa et tendit une nouvelle fois son cou. Il finit par discerner entre les étoffes, mais avec peine, un étonnant visage de femme qui était là sans être là, d'une fixité de poupée, pareille à ces mannequins de porcelaine aux cheveux vernis et aux joues fardées. Il était cependant difficile de dire si cette fixité de statue était réelle ou si elle n'émanait pas plutôt de l'imagination de Brifaut, pétrifié d'admiration. À ses côtés, il crut reconnaître la silhouette d'un homme, ou plutôt la devina à ses genoux et à ses deux mains gantées de velours rouge. Ils restèrent quelques instants côte à côte, comme hors du monde, sans qu'elle remarquât que deux yeux s'étaient posés sur elle, perdue qu'elle était dans ses songes. Il put ainsi la contempler à son aise. Soudain, un bonapartiste les sortit tous deux de leurs pensées en acclamant Napoléon Ier et en ajoutant par bravade : « À bas le roi ! » La voiture de la jeune femme, roulant en sens inverse, disparut alors dans la brume hivernale du soir.

Brifaut revint plusieurs fois sur ses pas, du côté de la rue Vendôme, dans l'espoir d'y croiser à nouveau son inconnue. Sans succès.

Les jours qui suivirent, Brifaut poursuivit ses activités de censeur, trompant ses rêveries amoureuses — la comédienne de la Comédie-Française ayant été déjà remplacée par l'inconnue de la rue Vendôme — par une minutie et des scrupules que le zèle mielleux de son copiste décourageait toujours.

Mais un matin, alors que l'inspecteur, perdu dans ses pensées, faisait son entrée au bureau et qu'il s'apprêtait à ôter son chapeau, il tomba nez à nez avec Kovaliov qui l'accueillit avec des transports et des prévenances plus onctueux encore que d'habitude. Il cachait derrière le dos un document que Brifaut devinait sans peine, à cause de ses contorsions. Et comme au premier jour, ce fameux dimanche où il avait frappé à la porte de son appartement de la rue du Bac, l'homme sautillait d'un pied sur l'autre comme un pantin. Kovaliov n'avait cependant plus de ces airs malfamés de vagabonds. Il ressemblait davantage à ces pantomimes qui gesticulent en parodiant les comtes d'opérette. Brifaut souleva ses sourcils d'impatience.

— Cher monsieur, hasarda-t-il avec un sourire gourmand, j'ai… je veux dire… je vous… C'est que j'ai pensé que cela vous ferait plaisir… J'espère ne pas… Enfin, voilà, finit-il par déclarer en tendant à son supérieur un dossier manuscrit.

Brifaut le prit entre ses mains avec circonspection, accoutumé qu'il était aux extravagances de son secrétaire. Ses yeux méfiants allaient de l'objet au copiste. Puis il considéra longuement le texte : le papier vergé laissait deviner en transparence de fines lignes horizontales et n'avait pas été nettoyé de ses parties excédantes et superflues. Quant à la couverture, elle était recouverte d'une écriture fine et penchée dont l'encre avait déjà jauni. Le maître pouvait aisément reconnaître la graphie de Kovaliov. Il l'ouvrit et lut le titre : *Procès-verbaux de Charles Brifaut, Inspecteur en chef de la Commission de Censure.* C'est donc ça ! Son copiste avait pris le soin de relier ensemble et de recopier au propre tous les rapports d'examen que lui-même avait rédigés depuis son arrivée au ministère ! Alors, le maître se mit à en feuilleter quelques pages. Le travail était d'une admirable facture et Brifaut s'émerveillait tout autant de l'ouvrage de son secrétaire que de l'ampleur de la tâche qu'il avait lui-même accomplie. Il y en avait là près d'une centaine ! Il n'avait pas chômé ! Et c'était à son secrétaire qu'il devait de prendre pour la première fois conscience de l'énormité de sa besogne. Le cœur de Brifaut battit de joie. Kovaliov n'était peut-être, au fond, qu'un pauvre bougre, plus inoffensif que véritablement malveillant…

— J'espère que je ne vous ai pas…

— Mais comment donc, mon brave ! C'est de l'excellent travail ! Serrons-nous la main ! (Puis après une seconde d'hésitation, surpris lui-même des mots qu'il allait prononcer :) Vraiment, merci !

— Me remercier ? Non, non… c'est trop me… non, non, cher maître… trop d'honneur, vraiment, vraiment… me voilà tout honteux !

— Ah non ! Pas de ces simagrées-là ! Trinquons !

Et Brifaut alla jusqu'à son bureau et revint avec deux verres et une bouteille de madère qu'un de ses auteurs lui avait offerte pour le remercier d'avoir accepté l'une de ses pièces. L'inspecteur fit une entorse aux prescriptions du docteur de Cessac, versa promptement la liqueur dans les deux récipients et tendit le sien à Kovaliov qui ne trempa que ses lèvres. Brifaut quant à lui but cul sec, tout heureux qu'il était de ce qu'il vivait comme une marque sincère d'attachement, mais aussi de soumission. Kovaliov avait donc fini par reconnaître qui des deux était le maître ! La chose était inespérée ! Brifaut, tout à sa joie, ivre de cette soudaine réconciliation, se perdait déjà dans des considérations intérieures, riant de lui-même. Quel idiot ! Et quelle suspicion injuste et déplacée ! Parce qu'il n'avait pas l'habitude de boire, l'effet de l'alcool fut immédiat. Une autre rasade s'imposait. Brifaut ne remarqua pas que le verre de son secrétaire était encore plein et tous deux trinquèrent derechef dans un grand éclat de rire à leur amitié nouvelle.

Le jour du bal du ministre approchait. Brifaut, qui avait la réputation dans le grand monde de posséder les habits les plus en vogue, les moins communs et les mieux assortis, courut aussitôt chez Courtois commander un habit bleu barbeau, des bas de soie neufs, des escarpins brillants malheureusement un peu justes, un gilet court à la dernière mode, une cravate et une chemise à jabot qui formait sur sa poitrine comme un plastron avantageux. Au moment de quitter son appartement pour se rendre au bal, il se contempla une dernière fois dans le miroir, dut plisser les yeux pour affermir sa vision, arrangea ses boucles brunes et admira sa taille mince. Il s'étonna lui-même de ce que rien, ni la fatigue, ni l'anxiété, ni les récentes contrariétés, ne pouvait se lire sur ses traits. L'approche de la fête et sans doute aussi cette réconciliation inattendue avec son secrétaire lui donnaient une énergie nouvelle.

Il pressentait un triomphe.

Après avoir avalé une collation rapide essentiellement constituée de pâtisseries (une mode récente ayant supprimé de tous les bals les soupers de minuit), Julien le conduisit vers dix-huit heures au ministère dans le tilbury lustré pour la circonstance. Dès son arrivée, Brifaut fut introduit sous le titre de Monsieur l'Académicien, Inspecteur de la Commission d'examen, et salué partout avec déférence. En pénétrant dans ce lieu familier, il lui fut pourtant difficile de le reconnaître tant le bâtiment avait été entièrement remodelé, transformé puis redécoré pour la circonstance : le ministre de l'Intérieur était sans doute, de tous les ministres, celui qui bénéficiait pour toutes ses fêtes des moyens les plus grands et des largesses royales les plus généreuses.

La soirée fut une véritable féerie. On exploita les jardins au point de les transformer en parc : au milieu, un village russe construit tout exprès, fait de bouleaux et d'isbas, renfermait quelques faux moujiks qui chantaient dans la nuit des airs inconnus. La neige éclairée aux flambeaux avait pris dans l'opacité de la nuit des teintes violacées et magiques. Depuis les couloirs et les salons, ces chants invisibles, que l'on devinait à travers les vitres, rythmaient la marche solennelle de Brifaut qui pouvait encore entendre à son passage, dès qu'il eut serré quelques mains et fut convenu de quelques rendez-vous nouveaux, les chuchotements les plus flatteurs : « Vous devriez vous entretenir avec lui. C'est lui désormais qui fait la pluie et le beau temps… il a interdit Hugo ! — Rien ne lui échappe ! — Et quel discernement… »

Lorsqu'il atteignit la plus grande des salles, l'orchestre martelait un quadrille de Musard, nouvellement revenu de Londres. Jamais Brifaut n'avait vu tant de femmes en un lieu si fermé. Il apprendrait un peu plus tard seulement que le ministre avait envoyé plus de trois cents invitations. Dès qu'il apparut dans le carré central, quelques dames, qui le reconnurent, l'entourèrent de prévenances et de cajoleries. Mais au milieu de la foule, il crut aussi entendre un homme qui l'accusait d'une voix aigre d'avoir vendu son âme au diable. Il s'arrêta, se retourna et tâcha sans succès de discerner l'auteur de cette accusation. Il eut pourtant la nette impression de croiser une paire d'yeux étincelants. Mais lorsqu'il balaya une nouvelle fois les danseurs du regard, il ne vit rien d'autre qu'une assemblée joyeuse et insouciante. À qui donc appartenaient ces yeux ? Il n'était pourtant pas fou ! Le dernier galop s'acheva et une légère bousculade aussitôt contrôlée obligea Brifaut à se ranger contre le mur. Un officier lui écrasa même les pieds qui souffraient déjà de leur compression dans leurs chaussures en cuir trop neuf. Tandis qu'il grimaçait de douleur, Wagner, essoufflé par sa dernière contredanse, le front perlé de sueur, le cheveu long et trempé, fondit sur lui et lui tendit une main exagérément fraternelle.

— Vous voilà enfin, mon cher Brifaut… Vous venez de manquer Son Excellence !

Dès qu'il croisait Wagner, l'inspecteur se sentait comme gêné. Mais il était cette fois accompagné d'une dame si ravissante, dont la beauté faisait sur son passage tourner toutes les têtes, qu'elle lui fit aussitôt oublier l'inconvénient qu'il y avait à ne rencontrer, dans une fête si glorieuse, que le subordonné du ministre. Tandis qu'elle s'approchait, Brifaut la reconnut : la belle dame de la rue Vendôme ! Il la retrouvait enfin ! Jamais il n'avait vu de visage si singulier, de teint si pâle et si laiteux, d'yeux si transparents !

Cette clarté lui donnait un air non pas faux mais irréel et évanescent que rien ne semblait pouvoir retenir ni capter. Son regard l'embrassa tout entière. Il s'émerveilla de la délicatesse de sa robe en crêpe bleu céleste ourlée de fleurs blanches et qui lui donnait des apparences plus aériennes encore. Existait-elle vraiment? Mais ses yeux s'arrêtèrent sur son échancrure : le halètement de sa poitrine montrait suffisamment que la dame était bien vivante et qu'elle venait elle aussi d'achever un quadrille. À la révérence qu'elle lui fit, Brifaut comprit que les présentations n'étaient plus à faire :

— Ce cher Wagner m'a si souvent parlé de vous!

Cette voix... Brifaut crut défaillir en la reconnaissant immédiatement. Il lui sourit aussitôt ainsi qu'au destin qui le faisait la croiser une troisième fois. La belle dame de dos au Théâtre-Français et la promeneuse de la rue Vendôme ne formaient qu'une seule et même personne! L'amour, à n'en pas douter, les avait donc voués l'un à l'autre.

Elle ne ressemblait pas à proprement parler à sa voix, si tant est qu'un visage eût pu prendre les traits d'un son ou concorder avec les inflexions d'une parole. Il l'avait pourtant imaginée différente, la face plus nerveuse et plus franche, mais d'une beauté moins enchanteresse. Cependant, la figure aussitôt animée s'harmonisa avec la vigueur de son timbre. Comme il s'y était attendu, Mlle Geoffroy (était-elle parente du critique?) était sociétaire au Théâtre-Français et n'attendait qu'un mot des plus grands pour monter sur les planches et connaître le triomphe. Ils entamèrent une discussion. L'académicien lui plut immédiatement. Il ne disait pas un mot de lui et lui parlait toujours d'elle. Brifaut lui prédisait une carrière fulgurante tandis qu'elle se plaignait de son âge :

— À vingt-cinq ans passés, mon Dieu, qui donc s'intéresse encore à vous ? (Elle réajusta sa coiffure et ajouta :) Heureusement que je suis blonde ! Cela ne se voit pas trop...

— Comment ? Mais de quoi parlez-vous ? Allons, allons, vous n'êtes qu'une enfant...

— Tatata ! Taisez-vous donc ! La flatterie ne vous sera d'aucun secours avec moi... (Puis elle le sonda avec gravité :) Croyez-vous vraiment ce que vous dites ?

— Comment donc ? Mais...

La jeune femme l'interrompit. Habituée aux éloges, elle fit mine de ne pas s'arrêter à la réponse enthousiaste qu'il allait lui faire et poursuivit. Alors elle se lamenta de ne travailler qu'avec les plus anciens, les auteurs de la vieille école, les écrivains les moins en vogue. Brifaut se hasarda à parler de sa dernière tragédie. *Jeanne Gray*, ajouta-t-il en songeant à la Bourgois, n'était pas encore distribuée.

— Vous voilà, dit Wagner en se tournant gaiement vers l'actrice, à devoir choisir entre le sec et le vert !

— Je devine, ajouta Brifaut sans attendre la réponse de la jeune femme, où ira sa préférence : le sec brûle mieux ! Le choix sera vite fait.

La comédienne, sensible au compliment, trouva le trait charmant et se récria en riant : M. l'académicien aurait de loin ses suffrages ! Elle se renseigna sur sa pièce, manifesta clairement son intérêt, et le dramaturge ne fut pas long à lui promettre le rôle principal. La jolie Bourgois fut ainsi disgraciée.

Mais Brifaut s'oubliait vite dès que la société était bien disposée à son égard, il s'enthousiasmait et péchait par excès de confiance. Habitué qu'il était à la courtisanerie, il ne connaissait aucune borne à sa vanité. Aussi la remercia-t-il d'accepter son offre avec une servilité forcée :

— C'est trop m'honorer de votre confiance.

Une lueur sombre, moqueuse et presque de mépris, traversa le regard transparent de la jeune femme. Il regretta immédiatement sa phrase et sentit qu'elle allait lui échapper. Mais la comédienne, d'abord intéressée par sa proposition et le triomphe qu'elle entrevoyait déjà, ne fut pas longue à se reprendre et, d'une voix aigre, entretint les deux hommes des dernières nouvelles du théâtre. La *vieille* Mlle Mars venait de lui souffler le rôle de Catherine de Clèves dans *Henri III et sa cour*... À ce mot, Wagner fit une moue désapprobatrice. Il ne jurait que par la grande comédienne. Soudain consciente que sa nature envieuse éclatait au grand jour, Mlle Geoffroy se ravisa, redressa la tête d'un air d'indifférence et déclara s'en moquer car elle ne prédisait à l'auteur aucun avenir, et ajouta même que la Mars avait été bien punie puisque Dumas, semblait-il, « puait le nègre ». On allait jusqu'à ouvrir les fenêtres... La jeune comédienne entretenait avec toutes ses consœurs des rapports aigres-doux. Aucune ne trouvait grâce à ses yeux. L'une était trop forte, l'autre trop disgracieuse, une troisième était d'une intelligence fort médiocre quand une quatrième avait ce « hoquet » dramatique si fatigant à l'oreille... Elle se sentait surtout supérieure à cette Duschenoy, à cette *petite bonne noire* née à Valenciennes, qui n'avait découvert le théâtre qu'au hasard d'une troupe de saltimbanques. Brifaut l'écoutait en silence. Il était partagé entre ses réticences à l'égard de la calomnie et des défaiseuses de réputation, et son attirance pour cette jeune femme adorable et si piquante.

— Elle est d'une bêtise…, renchérit-elle au sujet de Mlle Duschenoy. Écoutez encore celle-là ! Vous allez être édifiés. Voyons… comment était-ce donc ? Oui, oui, je m'en souviens. Tenez : « Ce pauvre Henri IV ! Quand je pense que si Ravaillac ne l'avait pas tué, il vivrait peut-être encore ! » La sortie n'est-elle pas merveilleuse ?

Cette fois, la dernière sottise de Mlle Duschenoy remporta tout à fait l'adhésion de Brifaut. Tous trois rirent de bon cœur.

À leurs côtés, les danseurs avaient entamé un quadrille dans un fracas infernal qui les obligea à s'écarter un peu. Ils conservèrent quelques instants le silence, happés par le spectacle des cavaliers. On en était à l'*été*. C'était la plus simple des cinq figures. En avant-deux. En arrière. Chassé à droite puis à gauche. Traversé. Nouveau chassé à droite puis à gauche. Retraversé. Demi-balancé et tour de main.

Au centre de la danse, l'un des collègues de Brifaut, le feuilletoniste Delaforest, accoutré d'une façon extravagante, galopait puis enchaînait les petits pas en sautillant, attirant sur lui l'attention amusée de toute l'assistance. Surtout, il portait à chaque pied une paire de boucles ornées de pierreries comme on n'en faisait plus guère. Brifaut souffrait de voir ainsi sa Commission ridiculisée et glissa à l'oreille de Mlle Geoffroy :

— Admirez ! Si nos théâtres sont gouvernés par de tels

pantins… Comment voulez-vous ? (Puis il chuchota plus bas encore :) De vous à moi, heureusement qu'ils restent sous mon autorité…

Soudain, tandis que Delaforest pivotait un peu vivement dans un retraversé effréné, l'ardillon de l'une de ses chaussures se décrocha et, sous les yeux du public hilare, le danseur perdit successivement et son anneau et son escarpin verni. Alors, fendant la foule, humilié, mortifié, il claudiqua bruyamment, d'un talon sonore — l'autre pied, léger, vulnérable, se découvrait presque nu dans son bas blanc —, à la recherche de sa chaussure manquante venue se glisser jusque sous un banc occupé par des dames. Mlle Geoffroy se mit à rire aux éclats tandis que Brifaut, furieux de ce spectacle qui entachait la Commission tout entière, la conduisit avec humeur vers un coin plus tranquille. En s'éloignant de la foule, il s'aperçut en même temps que Wagner avait disparu. Ils se retrouvèrent donc seuls, dans un petit salon plus calme qui donnait sur le jardin. Brifaut oublia vite l'incident et profita de l'instant qui lui était donné pour goûter la compagnie de la comédienne. Il plongea amoureusement ses regards dans les profondeurs de la nuit. Les chants mélancoliques des moujiks parvenaient jusqu'à lui, et tandis qu'ils se mêlaient à la conversation de la jeune femme, il se sentit vraiment heureux. Perdu dans ses pensées, il ne prêta pas immédiatement attention à ses paroles. Puis lorsqu'il se ressaisit et qu'il se mit à l'écouter vraiment, il fut séduit une seconde fois : Mlle Geoffroy n'avait pas seulement l'une des figures les plus adorables de la société parisienne, elle était malgré son persiflage d'une intelligence remarquable. Elle voulait révolutionner le théâtre. Il en fut le premier surpris, lui d'après lequel l'esprit était naturellement réservé aux plus laides, les autres femmes ayant bien trop à faire pour préserver, entretenir et cultiver leur beauté. Il voyait donc en elle deux personnes distinctes, l'âme d'un côté, le corps de l'autre, celle à laquelle il prêtait l'oreille et celle à laquelle il ne prêtait que les yeux, incapable d'assembler les deux parties en ce qu'elles contrariaient son ordre des choses. Il allait donc de l'une à l'autre avec un ravissement sans cesse renouvelé, mais sans jamais les associer sinon en caressant machinalement, tandis qu'il l'écoutait parler, le velours d'Utrecht rouge d'une des principales tentures du salon. La sensualité du frôlement de ses doigts aurait dû éveiller les soupçons de la comédienne si elle n'avait été tout entière à sa démonstration. Elle avait échafaudé une théorie moderne du système dramatique en lien étroit avec le système politique et s'indignait notamment de ce que tant de jeunes écrivains dramatiques, séduits par la lecture du théâtre ancien, ne faisaient plus que reproduire sur la scène les personnages d'autrefois. Brifaut, tout en suivant son discours, s'inquiéta soudain de l'opinion qu'elle pourrait bien se faire de sa tragédie si classique. Mais il ignorait que l'attirance que chacun avait pour l'autre, qu'elle portât le nom de beauté ou de gloire, les amènerait naturellement, par le désir qu'ils avaient de se plaire mutuellement, à voir dans la pièce de Brifaut l'exemple même de la modernité, et dans le propos de Mlle Geoffroy l'expression la plus parfaite de la théorie dramatique.

Brifaut lui donna donc raison sans réserve :

— Il faut en effet, hocha-t-il d'un ton docte et assuré, que la nation se retrouve devant elle-même. Je n'ai, croyez-moi, que du dégoût pour les pièces nouvelles composées dans les règles. Et puis qui peut croire aux tantes burlesquement coquettes ? Qui peut imaginer que les soubrettes mènent les intrigues de leurs maîtres ? Qui peut encore voir des marquis livrés au ridicule par Molière ?

— C'est bien simple, renchérit-elle, si les caractères sont mauvais, les acteurs les jouent mal !

— Comme c'est admirablement dit ! Et comme vous avez raison ! Puisque nous avons d'autres originaux, d'autres types, d'autres modèles, faisons donc aussi d'autres portraits ! Inventons, que diable ! Inventons !

À ce mot, il jeta un coup d'œil dans le miroir pour rectifier sa mise. Ce qu'il vit lui fit plaisir. La boucle de ses cheveux était artistique, le port élégant et les tuyaux de son jabot gonflaient avantageusement sa poitrine.

Mais lorsque son reflet se mit soudain à lui sourire, son sang se glaça. Ce n'était pas un miroir ! L'image disparut aussitôt mais l'impression, elle, resta durablement gravée dans son esprit. Ces yeux étincelants… Oui, c'étaient eux ! Brifaut avait cru reconnaître Kovaliov. La terreur qui avait subitement figé son visage avait de multiples causes (la présence de son secrétaire — son secrétaire ! — à un bal, la richesse indécente de son habit, l'impertinence de son sourire), mais une seule et profonde raison : il l'avait pris pour lui-même. Jamais il n'avait remarqué l'étroite ressemblance qui les liait tous deux, les traits communs, la taille identique, et il n'avait pourtant jamais cessé de voir en lui un homme familier, à la fois proche et inconnu. Combien de fois ne s'était-il dit que Kovaliov lui rappelait quelqu'un ? Brifaut se raccrochait vainement à l'idée que sa vue baissait ces dernières semaines et que ces similitudes qu'il avait cru voir en l'autre n'étaient que l'objet d'une méprise…

— Qu'y a-t-il ? Vous semblez affolé !

— L'avez-vous vu ?

— Qui donc ?

Comment dire la terreur ? Pétrifié, l'homme avait ouvert des yeux immenses, qui grandissaient encore à mesure que la pupille, après avoir dévoré son iris, se détachait comme une bille brune de ses paupières écartelées. La terreur se distinguait de la simple peur en ce qu'elle était communicative et toxique, en ce qu'elle se répandait comme une maladie contagieuse dans tout le salon, par la simple expression du visage ou l'air que chacun respirait, et qu'elle gagnait un à un ceux qui croisaient son regard. Mais que redoutait Brifaut ? Une panique profonde, ancestrale, enfantine, venait de ce qu'après avoir revêtu son enveloppe son secrétaire, c'est-à-dire l'autre, le premier venu, n'importe qui, pourrait, *voudrait* lui dérober son âme. Il avait été impressionné dans ses jeunes années par les théories platoniciennes de la dualité du corps et de l'âme, de ce corps perçu comme tombeau de l'esprit, et n'avait jamais su se défaire de cette idée folle et incontrôlée que quelqu'un pourrait un jour aspirer son être, sa substance, comme la trompe de l'insecte sa nourriture, la gober, l'absorber, l'anéantir.

Les yeux fixes de Brifaut finirent par se poser sur la jeune femme puis, comme plongé dans un cauchemar infini, profond, visqueux dont il ne parvenait plus à s'extraire, il la vit telle que ses nuits la feraient désormais apparaître : avec le masque funeste de l'épouvante.

La rumeur de la foule qui parvenait jusqu'à lui, ces convives qui avaient, sans même qu'il s'en rendît compte, peu à peu occupé le salon, ces visages qui, bien que parlant de tout autre chose, les couvaient initialement de leur entière bienveillance et de leur admiration, tout cela lui sembla subitement hostile et fabriqué. Il se vit des ennemis partout, des envieux, des détracteurs. Tous avaient pris les traits de Kovaliov, c'est-à-dire un peu les siens, et le fixaient avec une attention menaçante. On s'en prenait donc au censeur ? Alors il résisterait, accomplirait sa tâche sans relâche, pourchasserait les coupables ! Rien ne l'arrêterait ! La tête de Brifaut se mit soudain à tourner, et tandis qu'il cherchait à reconnaître, à appeler, à se raccrocher à quelques figures connues, les yeux mi-clos, il se vit abominablement seul, d'une solitude brute, presque anachronique. Tout autour de lui avait disparu, les gens, les choses, les lieux. Le ministère n'était plus qu'un champ de ruines, déserté et silencieux. Soudain mû par une puissance qui guidait ses mouvements, il attrapa les deux mains de Mlle Geoffroy et les porta à ses lèvres en guise d'adieu. Celle-ci, effrayée, poussa un petit cri et eut un mouvement de recul. Brifaut bredouilla quelques mots d'excuse puis partit en courant sans même avoir salué le ministre, bousculant sur son passage plusieurs convives interloqués qu'il ne vit même pas.

Comment Brifaut devait-il se remettre de ce désastre ? Dès son réveil, il fit porter par Baptiste un billet d'excuse, puis au cours des jours suivants plusieurs lettres, auxquelles il ne reçut aucune réponse. Le domestique, qui les avait toutes lues secrètement, ayant fini par soupçonner quelque amourette, se démena pour que l'on retrouvât sa destinataire. Il y voyait la cause de toutes ses humeurs, du malheur qui le dévastait jour après jour, du détachement des Lettres, de l'abandon aussi fantasque que soudain d'une carrière dramatique pourtant glorieuse et assurée. Aussi l'attendit-il un soir, sur la place du Théâtre-Français, pour lui remettre en main propre l'un des plis de son maître : « M. Brifaut n'attend qu'un mot de vous. » Un nouvel herpès gonflait sa lèvre supérieure. Elle grimaça. Au dédain qu'il lut dans ses yeux et qu'il eut la clairvoyance de ne pas prendre seulement pour lui, Baptiste sut qu'il ne faudrait rien en attendre. Il l'observa quelques instants s'éloigner, la silhouette vive et décidée, happée par d'autres affaires urgentes, plus importantes sans doute que la sienne, s'engouffrant par la grande porte du théâtre qui, l'arrachant à la nuit, l'illumina soudain, dans son grand manteau pourpre, avant de la dissiper complètement ; et Baptiste se sentit, par compassion ou peut-être par imprégnation, comme absorbant à lui seul tous les maux de son maître (à moins qu'il ne mît un mot sur ce que Brifaut ressentait vraiment ?), amoureux. Il rentra chez lui, pensif et soucieux, et soulagea la peine de Brifaut autant qu'il le put tout en feignant d'ignorer ce qui l'animait vraiment. Le maître supposait que le Théâtre-Français ne transmettait pas efficacement le courrier à ses sociétaires et cherchait des moyens de connaître l'adresse personnelle de Mlle Geoffroy. Il était consterné. Que lui était-il donc arrivé ? Se pourrait-il que la honte qui le recouvrait désormais et sous laquelle il se sentait comme englué disparût de l'esprit de ses admirateurs, de ses confrères, de ses supérieurs ? Comment saurait-il agir pour effacer de la mémoire des gens l'image d'un homme terrifié, grossier, fuyant la fête comme un forcené, lui qui, sa vie durant, avait tenté de préserver toutes les apparences d'une distinction sans faille, d'un bon goût aristocratique et d'une retenue irréprochable ?

Il décida, avec l'aide de son valet et son sens habituel du pragmatisme, de se conduire selon ses habitudes, sans en rien changer, comme si de rien n'était. Le temps, se disait-il philosophiquement, ferait son œuvre et chacun finirait par oublier la mésaventure. Pourtant, malgré ces sages résolutions, sa confusion se trahissait souvent par des sautes d'humeur, une irritabilité constante et irrépressible avec ses collègues ou son personnel, et chacun cherchait à comprendre ce qui avait bien pu causer chez un homme si prudent et si égal un tel bouleversement.

Deux choses le chagrinaient encore : des visions infernales de plus en plus fréquentes, et ce traître de commis qui n'apparaissait que par intermittence.

Un matin, alors que l'inspecteur entrait distraitement dans son bureau, il tomba nez à nez avec son copiste. Celui-ci lui adressa son bonjour habituel, « Mes respects, très cher maître », mais c'était un salut à la fois morne et civil qui ne trahissait aucun changement récent, ni ses absences, ni leur amitié nouvelle, ni sa présence au bal, si bien que Brifaut ne sut comment exiger de lui ne serait-ce que le début d'une explication. Et par un renversement des rôles, le secrétaire réclama, avec une insistance agacée qui en la circonstance frôlait l'insolence, de nouveaux dossiers à classer.

— Cher maître, quand donc pourrais-je porter les derniers manuscrits à Son Excellence ?

La repartie de Brifaut, malgré l'effarement que lui causait l'audace de son secrétaire, fusa aussitôt :

— On verra, répliqua-t-il en surjouant la désinvolture, j'ai encore beaucoup à faire.

Tandis qu'il s'apprêtait à tourner les talons, il jeta sur lui un coup d'œil rapide. La face moins terne, les habits rafraîchis et la stature plus haute qu'il ne l'aurait cru, Kovaliov avait soudain gagné quelques années. Si le secrétaire ne portait plus son habit bleu barbeau ni ses escarpins brillants, Brifaut remarqua qu'il avait conservé du bal une de ces allures distinguées que l'on peut reconnaître à de menus détails comme un nœud de cravate élégamment noué ou des boucles brunes lissées à l'arrière. Il se demanda par quel prodige le modeste secrétaire qu'il avait jadis rencontré sur le pas de sa porte, si timide et si gris, avait pu, en un laps de temps si bref, devenir un homme tout à fait convenable. Leurs regards se croisèrent comme de part et d'autre d'un miroir. La ressemblance était tellement frappante que Brifaut s'inquiéta, la mit sur le compte de sa myopie et ne sut s'il devait en être soulagé ou au contraire redouter un début de folie. Il était surtout abasourdi qu'un homme d'une extraction si vile eût avec lui quoi que ce soit de commun. Il en allait de son honneur comme de son autorité.

— Je vous les donnerai, ajouta-t-il sans se retourner, en temps utile !

Puis il soupira et claqua la porte.

Ne sachant plus quelle arme choisir, Brifaut s'inventa une nouvelle parade, simple et efficace, lui permettant de prendre en toutes circonstances des airs de supériorité : la lenteur. Décidé à s'entretenir le moins possible avec son entourage, arborant, le sourcil froncé, des mines affairées, préoccupées et absentes, cloîtré de longues heures dans son bureau, il ajourna toutes ses décisions à une date ultérieure et inconnue, fit patienter des après-midi entières, étira le temps à l'infini, au nom, disait-il, de la prudence et du travail bien fait.

Le copiste, décontenancé par l'attitude inattendue de son maître, disparut encore.

Cette fuite nouvelle mit en fureur Brifaut qui se vengea

sur tout ce qui lui tombait sous la main, sur les manuscrits d'abord qu'il censurait avec une égale frénésie, sur les affiches de théâtre arrachées dans la rue à l'abri des regards et, privé de souffre-douleur, déchargea sa colère sur Delaforest, le plus inoffensif de ses collaborateurs, le plus doux, le plus servile aussi. Il le convoquait à n'importe quelle heure de la journée ou montait à l'étage jusqu'à son bureau, sous un prétexte quelconque, ouvrait la porte avec fracas et l'humiliait publiquement sous le regard médusé de ses pairs qui n'osaient prendre sa défense :

— Est-ce vous qui avez signé ce rapport ?

La question était oratoire. La signature en bas de la page qu'il lui tendait l'attestait. Sans attendre la réponse, il poursuivit :

— Perdez-vous donc le sens commun ? Je vous lis :

Les ministres de la religion sont des personnages trop graves pour être persiflés ; et il faut toujours les présenter comme des objets de vénération et non pas de ridicule.

Delaforest chercha du regard une explication puis l'approbation de ses confrères. Les quatre hommes s'observèrent avec perplexité. Le procès-verbal était exemplaire. Ils n'auraient su mieux dire. Il se tourna alors vers son supérieur et d'une moue hésitante, presque désorientée, l'interrogea d'un mouvement silencieux de la tête. Mais l'autre tournait déjà les talons.

— Corrigez-moi ça sur-le-champ ! lança-t-il.

— Mais…

— J'ai dit séance tenante !

La porte claqua aussitôt. Les langues se délièrent. Tous commentèrent à voix basse d'abord puis avec emportement la démesure de leur inspecteur. Devenait-il fou ? Cela dépassait l'entendement ! Mais cela ne se passerait pas comme ça ! Il fallait réagir. Les quatre hommes se mirent à corriger de concert le procès-verbal ; mais sans directive, sans objectif, la chose était malaisée. Ils risquaient d'aggraver encore la version initiale et changèrent finalement un mot pour un autre, de même qu'un peu la syntaxe. Puis ils la relurent plusieurs fois et à voix haute, et déclarèrent enfin, comme pour s'en convaincre, qu'ils ne pouvaient faire mieux.

Armé de son texte amendé, secondé par les encouragements et les paroles consolantes de ses confrères, Delaforest prit l'escalier de service et toqua timidement à la porte de Brifaut. Personne ne répondit. Il toqua encore. Rien. Il tourna alors la poignée et se présenta :

— Monsieur, permettez-moi de…

— Qui donc vous a permis d'entrer ? aboya Brifaut depuis son bureau, sans relever la tête.

— C'est que… personne ne…

— Est-ce là le procès-verbal corrigé ? Donnez-le-moi !

Delaforest avança d'un pas malhabile jusqu'à la pièce de son supérieur. Brifaut le lui arracha des mains et le parcourut du regard, puis il le déchira.

— Recommencez !

— Mais…

— Recommencez, vous dis-je ! Voulez-vous donc ridiculiser toute la Commission ? Si vous n'y parvenez pas seul, demandez donc aux autres de vous aider !

— C'est que justement…

— Allez ! Allez, on vous dit !

Trois fois, Delaforest rapporta à son supérieur le texte remanié. Trois fois, Brifaut le jeta à la corbeille. D'agacement, l'inspecteur sortit finalement une feuille du tiroir de son ministre et griffonna deux phrases qu'il tendit à son collaborateur :

— Puisqu'il faut tout faire soi-même…

Delaforest prit aussitôt connaissance de la version nouvelle : c'était l'originale ! Celle-là même que Brifaut avait exigée que l'on corrigeât.

— Et que cela vous serve de leçon, ajouta-t-il haut et fort en lui désignant la porte. Je ne pourrai pas indéfiniment faire tourner seul la machine !

Lorsque Delaforest s'en revint auprès de ses pairs et qu'il leur rapporta la scène, les protestations fusèrent. Ils comploterent un peu puis décidèrent de s'en ouvrir auprès de Wagner.

Personne au ministère ne prenait véritablement la mesure de ce qui se tramait dans l'esprit de Brifaut. Son humeur atrabilaire n'avait en réalité que deux motifs : l'absence prolongée de son copiste et le silence humiliant de Mlle Geoffroy. Alors parfois, pour atténuer ses fureurs, il prenait les miscellanées de Kovaliov et feuilletait avec satisfaction ses anciens rapports. Puis il les déposait délicatement à côté de lui, veillant à la bonne marche de son travail. Mais un soir, tandis qu'il le scrutait avec plus d'attention encore que d'habitude, Brifaut eut l'impression que le manuscrit de ses *Procès-verbaux* perdait un peu de sa couleur, se confondant bientôt avec le bureau tout en remuant vaguement comme une bête immobile et vivante. L'objet initialement anodin semblait apprivoiser le décor en se camouflant dans son environnement à la manière de ces phasmes qui, pour échapper à leur prédateur, se paralysent sur des feuilles mortes ou vertes avec lesquelles ils s'amalgament, ou de ces raies qui, par leur couleur, ne se différencient plus du sable. Le manuscrit était là sans être là. Brifaut fut parcouru par de petits frissons qu'il mit d'abord sur le compte de l'âtre éteint. Mais il eut bientôt la sensation que l'objet influait sur lui, physiquement d'abord en tiraillant son estomac et moralement ensuite en lui donnant des idées noires. Il se demanda même si sa méchante humeur des derniers jours n'était pas due à la présence de ce recueil inquiétant. Il aurait voulu revenir quelques mois en arrière. Il songea mélancoliquement au passé, revit avec netteté, sous leur éclairage joyeux le soir du bal, les teintes blanches et mauves du décor fabriqué, puis l'évocation du velours d'Utrecht, doux et soyeux sous ses doigts, se superposa au souvenir visuel, et régénéra avec elle d'autres sensations encore dans lesquelles se mêlèrent les plaintes des moujiks et la belle voix de Mlle Geoffroy.

Brifaut hocha la tête avec détermination et rangea le manuscrit à sa place par superstition.

Un matin, tandis qu'il se rendait chez Wagner pour un complément d'information, Brifaut ne reconnut pas immédiatement la silhouette de son commis. Encore plus grand que d'habitude, la musculature plus développée qu'autrefois, l'homme sortait de chez lui, se faufilant au loin, disparaissant aussitôt par le petit escalier dérobé. L'académicien s'arrêta net, se demandant s'il devait en toucher un mot à l'adjoint du ministre et avoir avec lui une franche explication, mais préféra garder le silence pour conserver un coup d'avance. La partie d'échecs que les deux hommes avaient entamée depuis quelques semaines ne tournait pas à l'avantage de l'inspecteur. Il était temps pour lui de changer de stratégie.

Sous un prétexte quelconque, une vétille au détour d'une note de lecture, Brifaut mentionna le nom de Kovaliov, espérant que son allusion aurait sur son supérieur un effet immédiat. Wagner releva sur lui de petits yeux ronds et métalliques puis fronça les sourcils :

— De qui donc voulez-vous parler ?

Brifaut l'observa fixement et crut voir dans la question la preuve patente, avérée, indubitable, de la conspiration scélérate, ourdie derrière son dos, et à laquelle tous avaient pris part. Kovaliov sortait à peine de son bureau ! On lui mentait : c'était l'évidence même. Quelle impudence ! Après quelques secondes d'expectative au terme desquelles il prit le parti de la hauteur et de l'indifférence, Brifaut décida d'ignorer l'artifice et passa au sujet qui l'avait amené. Quels étaient les nouveaux ordres venus d'en haut ? La réponse qu'il reçut de Wagner fut nette et claire : la Commission devait « faire preuve de la plus grande fermeté et de la plus grande efficacité vis-à-vis des voies licencieuses toujours plus grandes et toujours plus dangereuses qu'empruntaient nos littérateurs ». Décontenancé par l'intransigeance des consignes du ministre, Brifaut parlementa, négocia, marchanda un peu de liberté au théâtre : devait-on vraiment *tout* interdire sous prétexte d'une réplique déplacée, d'un personnage hardi, d'une scène de trop ? Il lui rappela même sa maxime : *Trop de censure tue la censure !* Que jouerait-on alors ? Molière, Corneille, Racine. Devant l'inflexibilité de son interlocuteur, de guerre lasse, il plia et se rendit à contrecœur.

Avec le temps, parce que l'inféodation est plus confortable que le rapport de force, Brifaut finit par collaborer avec zèle et, lorsque le doute l'assaillait un peu, ressortait de son tiroir le manuscrit de ses anciens rapports, puis regagnait là, au contact de cet objet étrange et silencieux, les quelques forces qui lui manquaient, et presque l'injonction de défendre à tout-va.

Les interdictions de l'inspecteur tombèrent donc une à une, causant dans les deux grands théâtres royaux comme sur les petites scènes de vifs remous et des mouvements de révolte. Un matin, une délégation d'écrivains hétéroclites, auteurs de farces polissonnes et de tragédies austères, força l'entrée du cabinet. Tous se plaignaient de la raideur et de la brutalité des arrêtés. On s'expliqua. On parlementa. On négocia. Néanmoins, devant l'égalité d'humeur de Brifaut, l'un d'eux perdit patience et attrapa l'inspecteur par le col, prêt à en découdre. Ses confrères tentèrent bien de le calmer mais Ernest Fauve, qui éructait encore, les bras retenus de tous côtés, quitta les lieux en hurlant que « la censure était une chienne ! ». Lorsque la petite société retrouva son calme,

Brifaut prit la parole. Pour prouver sa bonne foi et atténuer un début de résistance, il promit de recevoir dans son bureau tous les écrivains censurés sans exception. Il voulait conserver leur confiance, convaincu, à la manière de ces hommes de pouvoir qui refusent d'admettre le désastre de leur politique, que tout est d'abord et surtout affaire de méthode et d'explication : chacun se rendrait à ses raisons pourvu qu'on en clarifiât nettement la cause. Les choses cependant étaient moins simples et, par-delà le cas des pièces elles-mêmes, Brifaut put mesurer les limites de sa propre popularité ainsi que de celle de la Commission.

Les écrivains qui défilèrent au ministère se rangèrent donc par catégories : il y avait ceux qui étaient prêts à de « petits arrangements » (suppression de mots, de scènes, voire de titre), pourvu que leur pièce fût jouée, et qui s'y conformaient de bonne grâce, certains que *le talent ne perd rien à un frein salutaire*; ceux qui, plus réactionnaires encore, collaboraient activement, anticipant les arguments de Brifaut, les applaudissant même, clamant haut et fort que *la liberté au théâtre serait la ruine de l'art*; ceux qui ne les acceptaient que par cynisme ou par fatalité, misant sur des jours meilleurs, plaidant pour une certaine forme de libéralisme tout en coopérant malgré tout, convaincus que la liberté ne peut entrer au théâtre que par la petite porte et qu'il faut être déjà sur place pour la brandir au moment opportun; ceux qui, bien que partisans de la censure, s'indignaient d'être traités sur un pied d'égalité avec les écrivaillons des petits théâtres sur lesquels se produisait *le bas-fond de la littérature* et qui se sentaient humiliés, rabaissés, déclassés par ce rappel à l'ordre, réclamant de la part des censeurs une certaine latitude, une souplesse *entre gens de bonne compagnie*, une dispense due à leur rang ; ceux qui pensaient que la censure concerne toujours les autres et qu'elle épargne les mieux avertis ; ceux qui croyaient aux Lumières, à la raison, à la discussion en bonne intelligence, et qui repartaient la mine défaite, le texte mutilé parce que des mots déplaisaient à leur roi ; ceux qui acceptaient tout devant l'inspecteur et repartaient les larmes aux yeux de haine contre l'autorité et leur propre lâcheté ; et ceux qui, enfin, attachés à l'unité de leur œuvre jusqu'à sa moindre virgule, claquaient la porte du censeur, exsangues, accablés par le désespoir que rien ne venait soulager, pas même leur courage.

Kovaliov, qui n'avait pas quitté le ministère, reparut, inquiet du nombre croissant des visiteurs qui envahissaient chaque jour son vestibule, et se porta volontaire pour, disait-il, « soulager » son maître. Mais Brifaut, tâchant de s'en tenir à sa nouvelle ligne de conduite, faisait entrer ses confrères et abandonnait son secrétaire sur le seuil.

— Vous aurez sans doute besoin de moi si…

— Aucune nécessité. Vous avez mieux à faire. Allez donc me porter ces manuscrits-là chez Wag-ner…

Il articulait nettement ses dernières syllabes comme pour lui signifier qu'il en savait peut-être plus que l'autre ne le croyait. Une flamme traversait l'œil du commis et la porte se refermait sur lui.

Hippolyte Bis était l'un des auteurs interdits. Il faisait pourtant partie des écrivains les plus prometteurs de sa génération et suscitait de toutes parts, et auprès de Brifaut surtout, de grandes espérances. C'était de surcroît un homme pondéré et doux, capable d'une grande écoute, d'un jugement toujours serein et toujours sage. Sa bonhomie refrénait même ses détracteurs qui s'excusèrent presque d'avoir parlé, au sujet de son poème lyrique *Le Cimetière*, de « tombeau de son talent ». Son visage placide, d'une forme ovale et souple, ainsi que son œil bienveillant invitaient naturellement ses interlocuteurs à la confidence.

Cette fois cependant, sa *Blanche d'Aquitaine* posait à Brifaut un inextricable dilemme : il voyait dans sa tragédie sur les origines de la dynastie royale la marque d'un indiscutable talent, mais l'objet de sa pièce était douteux. Le texte s'achevait par la mort de Louis V et cette mort occasionnait dans la dernière scène un conflit de succession entre Charles de Lorraine et Hugues Capet : l'un arguait de sa légitimité naturelle, l'autre du soutien des Français. Brifaut était embarrassé. Esthétiquement, la pièce était fort au-dessus de la moyenne, mais elle était moralement inadmissible : il *devait* et *ne devait pas* l'autoriser.

Pourtant, toutes les fois qu'il éprouvait de la gêne ou de la confusion, Brifaut prenait des airs magnanimes, exagérait son obligeance, certain qu'on pouvait, entre hommes de goût, trouver un terrain d'entente. Le ton était tour à tour ferme et compréhensif, distant et complice. Son urbanité néanmoins ne trompait personne puisque l'on comprenait bientôt que jamais le censeur ne s'écarterait de sa ligne.

— … Je suis malgré tout bien peu satisfait du dernier vers, ponctua-t-il enfin.

— J'y tiens moi-même beaucoup, répliqua sèchement Hippolyte Bis.

Il s'était donné beaucoup de mal pour conclure habilement sa tragédie et était si heureux de sa trouvaille qu'elle avait fini par avoir plus de prix à ses yeux que le reste de la pièce.

— Je conviens qu'il est réussi, reconnut Brifaut qui se mit à déclamer la fin d'une voix vibrante et admirative :

HUGUES
Le destin peut trahir ta superbe espérance.

CHARLES
J'en appelle à mes droits!

HUGUES
J'en appelle à la France…

« C'est vrai qu'ils sont superbes! murmura-t-il avec regret, comme s'il eût espéré en être l'auteur, car ce qu'il ne s'avouait pas, c'est qu'en exigeant la suppression de ces vers il assouvissait une jalousie rentrée. Mais mon Dieu, ajouta-t-il pourtant, convenez qu'ils ne sont guère admissibles au Français… Rendez-vous à l'évidence, voyons… Il est aisé de comprendre qu'on ne peut pas montrer Hugues Capet s'emparer du trône!

— C'est bien la vérité! Vous savez comme moi que Charles de Lorraine n'est pas devenu roi!

— Oui, oui, évidemment, reconnut Brifaut qui faisait de la main de grands gestes d'apaisement, la question n'est pas là…

Depuis son dernier entretien avec Wagner, l'inspecteur avait conscience du caractère intenable de certaines de ses positions. Mais les ordres étaient clairs. Il fallait absolument éviter que l'on fragilisât la royauté au théâtre. Oubliant alors un instant la présence de son confrère, les yeux dans le vague, il se mit à penser à haute voix : « Bien sûr ! Il n'est pas devenu roi, c'est certain ! Qui pourrait en douter ? » La mine embarrassée, Brifaut ne pouvait qu'admettre l'évidence. Hippolyte Bis espéra alors que le bon sens ferait rendre raison à son inspecteur. Pourtant, Brifaut se reprit soudain et déclara avec aplomb :

— Mais enfin… on ne doit pas controverser l'origine même de la royauté, comprenez-vous ? En des temps difficiles, il est de notre devoir…

— Et que faites-vous de la *vérité* ? En coupant ces derniers vers, vous décapitez la pièce et je dirais même…, ajouta-t-il avec grandiloquence, que vous décapitez l'Histoire !

— Oh ! Comme vous y allez… *décapitez*… (Plus bas, jetant à droite et à gauche des coups d'œil inquiets :) Il est des mots qu'il n'est pas prudent de prononcer ici… Même si (plus bas encore) je reconnais que…

— Non, non, c'est dit ! Vous l'interdisez ? Eh bien, j'attendrai ! déclara haut et fort l'auteur en lui tendant la main.

— Comment ?…

Brifaut aurait voulu l'arrêter, apaiser la situation, prêt à concéder la représentation. Mais l'homme le salua, sortit prestement et faillit tomber sur Kovaliov qui, l'oreille collée contre la porte, avait le corps cassé en deux. Lorsque Brifaut croisa son regard dans lequel il crut lire de la joie, il ressentit un immense abattement.

— Cher maître, voulez-vous que…

Brifaut claqua une nouvelle fois la porte sur lui et marcha vers la fenêtre. Il doutait soudain de sa mission. Il était pour la modération en toute chose et pensait que, tant que l'on ne s'attaquait pas à son roi, tout était permis. Mais il apprenait à ses dépens que les censeurs eux-mêmes devaient se censurer. Il aurait voulu faire le tri entre les agitateurs, contre lesquels il n'avait pas de mots assez durs, et les meilleurs écrivains. Il ne pouvait pourtant pas aller contre le principe même de son institution en abordant avec eux les questions littéraires. Peu importait la qualité du texte si le roi en prenait ombrage. C'était en substance ce que lui avait dit Wagner. La censure les emportait tous, bons ou mauvais, dans un même courant. Aussi son cœur se serrait-il lorsque au terme d'un échange animé d'où il croyait sortir victorieux, la poignée de main de confrères respectés se faisait fuyante. Il sentait que, loin de bâtir autour de lui une cour fidèle et acquise, il perdait peu à peu la considération, si tant est qu'elle eût jamais existé, des quelques grands noms de la scène française. Il songea à ses promenades aux Champs-Élysées, à ces écrivains qui se pressaient pour le saluer, n'espérant parfois même de lui qu'un simple regard. Et il en était d'autant plus affligé qu'il venait d'apprendre qu'Hippolyte Bis avait été choisi pour rédiger le livret du futur *Guillaume Tell* de Rossini. Il n'avait que trop d'estime pour ce compositeur italien qui avait salué l'avènement de Charles X par un merveilleux *Il Viaggio a Reims*, et savait combien l'interdiction du manuscrit de Bis apparaîtrait rétrospectivement déplacée.

Appliquer les ordres venus d'en haut… C'était pourtant sa fonction.

Brifaut eut soudain la vision claire de sa propre servitude : tout censeur qu'il était, il n'était pas plus libre que les auteurs qu'il avait à censurer puisque chacun, selon sa fonction, ne faisait jamais qu'exécuter des injonctions émanant du bureau supérieur, et ce d'étage en étage, jusqu'au sommet. Jusqu'au roi. La flatterie qui lui avait toujours permis de monnayer une certaine forme de liberté, en ce qu'elle lui avait ouvert toutes les portes des salons, des ministères et des plus grandes institutions, ne lui accordait à son grand regret qu'une indépendance théorique puisqu'il ne pouvait en user réellement. S'il n'avait tenu qu'à lui, il aurait autorisé *Blanche d'Aquitaine*. Non seulement sa marge de manœuvre était étroite, mais il constatait même que, selon une loi aussi rigoureuse que désespérante à ses yeux, les courtisans n'attiraient jamais autour d'eux que des courtisans. Jamais les plus grands. Jamais les puissants.

Il finit donc par fréquenter les écrivains les plus flatteurs, les plus vils, et par un mouvement naturel de l'esprit, par un instinct de protection et aussi d'aveuglement, il ne parvint plus à les distinguer des meilleurs, leur trouva même des qualités autres que littéraires — la sagesse, la retenue et l'amour de leur monarque — et les apprécia tout à fait.

Enfin, se dit-il pour donner de la hauteur à sa tâche, il se mettrait à la disposition de l'Histoire.

Quant à ceux qui se défendaient de toute compromission avec l'autorité, ils ne se déplaçaient tout simplement pas. Ou plutôt : pas jusqu'à lui. Après l'interdiction de *Marion de Lorme*, Hugo se rendit en effet au ministère. Brifaut avait eu vent de la venue du dramaturge qui avait adressé une lettre pleine de véhémence au ministre et dans laquelle il refusait toute communication directe, toute entente avec ses censeurs. Tapi dans un recoin du couloir, il guetta quelque temps, à l'heure dite, le dramaturge qui, à peine entré dans le bureau de Wagner, ne resta pas bien longtemps. Il en ressortit vivement, clamant haut et fort qu'il refusait de marchander l'autorisation de sa pièce, repoussant même la pension royale de quatre mille francs que voulait lui offrir Charles X en guise de dédommagement. Parmi les voix qui tentaient de lui faire entendre raison, il entendit un *Très cher maître, vous n'y pensez pas...* qu'il reconnut immédiatement. Ces intonations mielleuses et complaisantes... Pas de doute ! C'était lui ! Si le fait de reconnaître son secrétaire lui fit presque oublier la présence sur les lieux de Victor Hugo, c'est qu'il ignorait encore qu'il allait bientôt rencontrer l'écrivain dans des circonstances aussi exceptionnelles que romanesques.

Sa mission récente, le bal, ses déboires avec Kovaliov, toutes ses rencontres enfin avec la fine fleur de la littérature française avaient un peu mis sa *Jeanne Gray* entre parenthèses. Depuis son dernier entretien avec le baron Taylor, il n'avait plus eu de nouvelles de sa tragédie. Aussi, après quelques lettres laissées sans réponse, décida-t-il de se rendre au Théâtre-Français et, par une prodigieuse coïncidence, tomba nez à nez avec Hugo qui sortait à peine du bureau de l'administrateur.

— Ah, cher confrère! Justement, je tenais à vous…

Il allait lui parler de ses vers perdus. Mais Hugo s'était arrêté à sa hauteur, et Brifaut, brusquement intimidé, avait suspendu sa phrase, tendant une main interdite au-dessus du vide. En l'observant, il éprouva à nouveau la désagréable sensation de se contempler dans un miroir. Depuis quelque temps décidément, il se voyait partout. Les deux hommes, de taille et de corpulence équivalentes, avaient dans le visage, et ce malgré l'écart d'âge, un je-ne-sais-quoi de familier. Hormis la teinte de leurs cheveux — ceux de Victor Hugo tiraient sur le blond — qu'ils portaient tous deux bouclés et peignés vers l'arrière, ils avaient en commun le front large, l'œil brun enfoncé dans son orbite, le nez long et droit ou encore la lèvre rose nettement dessinée, comme creusée aux commissures, donnant à l'ensemble du visage un air de dédain. Seul le foulard de soie jaune terminé par un nœud témoignait chez l'aîné d'un sens plus aigu de l'élégance. Immobile, considérant fixement Brifaut, il fronça soudain les sourcils, hésitant à admettre que celui qu'il allait bientôt déclarer son *ennemi littéraire* se tenait justement là sous ses yeux. Aussi, sans lui laisser le temps de poursuivre, rétorqua-t-il :

— Monsieur, je ne serre pas la main aux balayeurs d'ordures dramatiques!

Était-ce l'offense que lui causait l'insulte qui déconcerta le plus Brifaut ? L'injustice de cette accusation, lui qui avait défendu sa pièce ? L'estime secrète qu'il lui avait toujours conservée malgré leurs différends esthétiques ? Toujours est-il que notre homme vacilla, et pour ne pas s'effondrer tout à fait se raccrocha à un souvenir qui devait moins froisser son interlocuteur qu'il ne devait le faire rire à ses dépens.

— Vous vous montriez moins délicat autrefois lorsque vous acceptiez mes culottes !

Interloqué, Hugo jeta sur lui un regard plein de mépris et de consternation. Il l'avait connu petit, il le trouvait minuscule. Brifaut faisait allusion à la culotte courte que Victor Hugo avait eu le malheur de lui emprunter lors du sacre de Charles X quelques années auparavant. Comme le jeune poète ne possédait pas encore de tenue de rigueur pour rendre hommage à son roi, il avait couru chez son ancien collaborateur de *La Muse française*, connu pour posséder les plus beaux habits de cour.

— Précisément, monsieur, répondit Hugo en tournant les talons, désormais, je ne fréquenterai plus que des sans-culottes !

Brifaut resta quelques instants abasourdi par la brutalité de la réponse qui paradoxalement l'allégea d'un poids, celui de la culpabilité, car elle venait d'un coup diminuer la gravité de sa propre lâcheté face au ministre (il n'avait pas su défendre le drame) et la valeur qu'il accordait à son pair : à la fois outrancier et infidèle à son roi, Hugo manquait décidément aux principes élémentaires de la vraie distinction. Aussi se raccrocha-t-il, tout en grommelant, à cette certitude commode, sommaire et qui effaçait d'un seul coup sa propre mollesse : Hugo n'était qu'un rustre.

Dans les jours qui suivirent, il se délesta du quatrain qu'il renvoya anonymement à son auteur. Il lui faudrait cependant quelque temps pour saisir l'ampleur de ce qu'il venait vraiment d'éprouver : un sentiment de complète insignifiance par un de ces affronts auxquels l'amour-propre résiste vaillamment et en toute bonne foi, mais dont la blessure est si profonde et si durable qu'elle se réveille un beau jour sans qu'on en connaisse ni la cause ni l'origine, comme une plaie mal soignée devenue mortelle. Le coup causé par le trait de Victor Hugo, pourtant proféré entre deux portes, l'atteindrait durablement et Brifaut ignorait encore qu'il ne s'en remettrait pas.

L'inspecteur finit par se ressaisir puis traversa un salon, longea un couloir, jeta à droite et à gauche des regards fureteurs dans l'espoir d'y rencontrer Mlle Geoffroy et, déçu de ne pas l'y voir, arriva à hauteur du bureau du baron, puis frappa maladroitement à sa porte. Dès que celui-ci ouvrit, il comprit à son air embarrassé que l'aval du comité n'était ni évident, ni même acquis. Brifaut, cependant, ne s'attendait pas à la raison de son refus.

Taylor, après avoir un moment voulu faire diversion en proposant un verre de madère, se lança dans un discours plein de conviction :

— … Comprenez bien, ponctua-t-il, que maintenant que vous êtes vous-même censeur, vous ne pouvez être à la fois juge et partie. Ou bien c'est le théâtre ou bien c'est la Commission d'examen. Il faut choisir ! Je ne vous cache pas que les comédiens se sont émus de votre nomination, vos confrères de l'Institut aussi. Voyons, il est aisé de comprendre pourquoi… Voilà quinze jours qu'ils ont entamé les répétitions de *La Maréchale Tourangelle* et ils viennent seulement d'apprendre que vous l'interdisez.

— Moi ? C'est-à-dire…

— Vous ou le ministre. Peu importe. Vous êtes pieds et poings liés !

— *La Maréchale Tourangelle*, soit, mais reconnaissez que nous vous avons accordé *Le Mariage de Figaro*, et à votre demande !

— Accordé ? Mais enfin, mon bon ami, vous nous avez simplement rendu ce qui nous revenait de droit ! *Le Mariage de Figaro*, pardonnez-moi de vous le dire de façon si brutale, mais *Le Mariage de Figaro* ne vous appartient pas ! Cela fait six années que la censure interdit une pièce pourtant au répertoire… (Le baron, voyant que Brifaut disparaissait presque dans son fauteuil, temporisa :) Bon, bon, ne nous emportons pas ! Je ne suis pas contre une censure préventive… mais ce qu'il faudrait, ce qui serait au fond la solution la moins préjudiciable, c'est qu'elle soit *défonctionnarisée*, voyez-vous ? Il s'agirait de créer une censure offrant tous les gages d'indépendance… Enfin… mon ami, ajouta-t-il en se levant vers son interlocuteur et en lui tapotant le dos, dès que vous quitterez la Commission, dès que votre décision sera prise de nous rejoindre, de rejoindre vos pairs, vos amis, *votre monde*, le monde du théâtre, vous nous rapporterez votre texte. Nous en discuterons. Comptez sur moi. D'ailleurs la chose n'est pas mauvaise… Certes, elle doit être arrangée, certaines tirades sont impossibles à débagouler et le dernier acte, à quelques scènes près, est nul, mais la pièce, croyez-moi, n'est pas si mauvaise ! Réfléchissez-y ! Cherchez ! Cherchez ! Égayez-moi tout cela ! En attendant, je vais vous la rendre… Vous aurez ainsi tout le loisir d'y réfléchir !

Le baron Taylor se leva, se dirigeant vers une table sur laquelle s'empilaient toutes sortes de pièces à examiner. Il souleva un tas, puis un autre :

— J'aurais pourtant juré… À moins que…

Il ouvrit l'un des tiroirs de son bureau, revint vers la table, déplaça quelques vases en faïence, quelques bibelots, parcourut de long en large la pièce, chercha partout et fouilla longtemps. Soudain, désemparé, tournant la tête en direction de son hôte, il dut se rendre à l'évidence : *Jeanne Gray* avait disparu.

Nul ne peut deviner ce qui anima Brifaut à cet instant-là. Une fatalité si terrifiante s'abattait contre lui — le refus, maintenant la disparition de sa tragédie et avec eux l'anéantissement de tous ses espoirs, de cette gloire convoitée, promise, certaine, de son accomplissement, de sa renaissance même — qu'il en resta prostré une heure, adossé à un immeuble de la rue de Montpensier. Une métamorphose profonde et durable, non pas physique mais morale, s'empara de lui. Elle agitait ses esprits au point qu'il n'aurait su dire lui-même si la légende qu'avaient bâtie ses aïeuls n'était précisément qu'une légende. Lui, Brifaut, avait été, du moins s'en persuadait-il en cet instant, condamné à devenir un homme, et cette rage enfouie, ancestrale, immémoriale, se réveillait soudain. Il erra quelque temps sans savoir où le menaient ses pas, à travers les rues de Paris, mû par une force invisible, avec la gestuelle mécanique d'un somnambule. Soudain, dans sa marche forcée, il heurta un enfant qui tomba face contre terre dans la neige, mollets découverts et mains nues. Aux plaintes du petit, la mère accourut, ne sachant si elle devait d'abord le secourir ou poursuivre l'agresseur. Brifaut entendit vaguement ses cris, enveloppé, engourdi, comme prisonnier d'une sorte de formation cotonneuse. Une fièvre s'était emparée de lui. Il la sentit quand même s'approcher bien que les foulées de la femme semblassent comme assourdies par la neige. Il se retourna alors vers elle mais le son qui sortit de sa bouche ressembla à un grognement qui l'étonna lui-même. Puis il vit la mère, épouvantée par la lueur farouche qu'elle crut lire dans son regard, reculer et emmener loin son enfant, lui cachant presque les yeux. Qu'avait-il fait ?

Brifaut garda le lit quelques jours. Les émotions des dernières semaines avaient causé en lui un tel bouleversement que secoué par de fortes fièvres, le docteur de Cessac dut se déplacer en pleine nuit. Baptiste, en chemise et bonnet, l'escorta à la chandelle jusqu'à la chambre de son maître. L'inquiétude avait réveillé chez lui un douloureux herpès et le médecin lui prescrivit au passage quelques pommades tout en lui reprochant sa négligence.

En entrant dans la pièce, le corps blafard de son patient, raide dans son linge blanc, l'alarma.

— Depuis quand est-il dans cet état ?

— En rentrant du ministère l'autre soir, mon maître s'est immédiatement couché. Voyez, se désola-t-il en pointant l'assiette du doigt, il n'a touché à aucun des bouillons que Rose lui a fait porter.

— S'est-il plaint des poumons ?

— Non.

— De la vessie ?

— Pas davantage.

— De l'estomac, alors ?

— Non, non, docteur, il ne s'est plaint de rien. Il est entré hier comme un automate et s'est dirigé sans nous voir ni même nous entendre jusqu'à sa chambre.

— Du ministère, dites-vous ?

Baptiste n'avait pas eu connaissance de sa visite au baron Taylor.

— Oui. Il a été nommé censeur royal il y a quelques mois de cela, ajouta-t-il en soupirant d'une manière qui exprimait nettement la désapprobation.

— Très bien, très bien, répondit distraitement le docteur qui semblait en même temps évaluer l'état du patient et le prestige de sa nouvelle fonction. Vous a-t-il dit quelque chose ?

— À nous, rien. Mais il s'est mis à parler à voix haute comme s'adressant, voyez-vous… comment pourrait-on dire ? On aurait cru qu'il devisait avec un fantôme !

— Et de quoi parlait-il ?

— De manuscrits ! Il suppliait de… je ne sais trop dire ! Il criait : « Non ! Non ! À moi ! Le roi ! » Mon Dieu, quels cris ! Il y en allait même, semblait-il, de la sécurité du royaume ! Ses propos étaient si incohérents, si abominables ! On aurait dit que l'esprit malin lui-même s'était emparé de lui...

— Est-il habituellement sujet aux terreurs nocturnes ?

— Assez souvent, docteur.

Baptiste ne voulut pas en dire davantage pour ne pas trahir son maître, convaincu de ce que ses petites manies, ses obsessions, ses épouvantes devaient rester en famille. Entre soi. À demi consciente, à moitié endormie, une partie de Brifaut bénissait la retenue du valet, sa prudence, sa pudeur, car plus que la douleur, il craignait par-dessus tout la honte. Son noctambulisme et ses cris devaient être tenus aussi secrets que l'obscurité de sa naissance. Et la honte qu'il ressentait n'était que la face sociale d'une culpabilité tenace, intime, inavouable, celle d'avoir menti par omission, de s'être tu, d'avoir même encouragé par son silence les versions les plus folles, les plus extravagantes, les plus illégitimes, d'une extraction avantageuse et romanesque. En privé, il cédait à la peur de n'être rien, en public, à la honte de vouloir être trop. Un imposteur. Lui, *l'héritier d'une riche baronne*... Quelle plaisanterie ! Contrairement à la populace qui avait masqué son envie derrière l'exigence d'une Révolution qu'il exécrait, il s'était toujours refusé à jalouser les plus grands. Aussi son admiration l'avait-elle conduit à se déposséder de lui-même, l'obligeant à paraître des leurs, surjouant même son rôle pour n'être pas soupçonné de vouloir prendre leur place. D'ailleurs n'avait-il pas un peu fini par leur ressembler ? C'était du moins ce qu'il croyait, et ces deux parties de lui-même, irréconciliables, qu'il jugeait presque aussi méprisables l'une que l'autre, prenaient corps dans des visions épouvantables, des cauchemars, des fantômes qui l'assaillaient la nuit depuis son plus jeune âge.

La main du docteur passa sur son front, et son corps un peu réconforté et ramolli par cette seule présence chaude, ferme et lénifiante, il se sentit mieux. Pourtant, il ne se souvint d'aucune de ses paroles et resta longtemps hanté par des images terrifiantes de couloirs interminables et de portes closes, de poursuites par un ennemi invisible…

— Du repos.

M. de Cessac avait retiré de sa trousse un élégant matériel d'écriture et notait tout en les commentant chacune de ses prescriptions.

— Boit-il ses litres d'eau de Vichy ?

— Trois par jour.

— Désormais ce sera six : pour le transit. Marche-t-il régulièrement ?

— Une heure par jour.

Baptiste se garda d'ajouter qu'il sortait aussi la nuit.

— Une demi-heure supplémentaire lui fera le plus grand bien. Que mange-t-il ?

— Des rôts et comme vous le voyez quelques potages pectoraux.

— Trop lourd ou trop clairet. Qu'on le mette au consommé. Cela conjuguera les deux, la viande et le bouillon. Vous le ferez dire en cuisine. Cela adoucit l'humeur. Et de l'air ! Du bon air ! Qu'il s'oxygène un peu à la campagne !

— Bien, docteur.

Alors qu'ils avaient tous deux levé la voix en présence du malade, ils chuchotèrent machinalement en atteignant l'entrée, craignant sans doute de réveiller le voisinage. Au son feutré de leurs paroles, les angoisses de Brifaut se ranimèrent aussitôt et il appela faiblement Baptiste qui salua le docteur avec une déférence expéditive mais profonde (car il n'oubliait pas que tous lui devaient l'eau miraculeuse de Vichy), puis accourut au chevet de son maître.

Après quelques jours de repos au cours desquels il reçut les nouveaux consommés ainsi que la visite d'anciennes connaissances (bien que toujours sans nouvelles de Mlle Geoffroy), Brifaut reprit un peu de vigueur. Mais Baptiste, qui avait pour son maître une considération naturelle et tenait à la faire sentir chez les autres, se montrant pointilleux sur les égards qu'on lui devait, faisait languir les invités dans l'antichambre, parfois près d'une heure, n'apparaissait que tardivement, la mine grave et la démarche lente, et d'une voix morne leur enjoignait de le suivre pour les conduire enfin, solennellement, jusqu'à leur hôte. S'il n'y avait entre le maître et le serviteur aucune ressemblance apparente ni la moindre parenté, un lien étroit les unissait au point de se considérer mutuellement comme une partie, inférieure ou supérieure, de soi-même. Et le valet, qui ne sentait que trop le besoin, voire la nécessité, qu'avait son maître de se sentir respecté, imposait aux autres, ce qu'il pratiquait lui-même pourtant très mal, de l'obéissance et même une certaine forme de sujétion.

Le mardi, Brifaut reçut deux importuns : son amie, la vicomtesse de Vintimille qui sollicitait pour l'un de ses amis dramaturges la mansuétude de la Commission d'examen et que Brifaut renvoya aussitôt chez elle, déçue, sans le début d'une promesse ; et le marquis de Maleteste qui, briguant une place vacante à l'Académie, réclamant sa voix et mécontent de ne pas sentir son appui, orienta la conversation vers un objet qui masquerait son dépit tout en irritant son hôte : il vanta les mérites de Mme de Saint-Marc pour laquelle chacun connaissait l'aversion de Brifaut.

— Lui porter mes hommages ? s'offusqua-t-il. Jamais !

— Comment ? Mais une femme si admirable et si brillante... Seriez-vous à ce point insensible au phénomène ? Tout l'univers va chez elle !

— Eh bien ! éructa-t-il. Que l'univers y aille ! Jamais, vous entendez, jamais je ne fréquenterai de révolutionnaire !

Accourant aux éclats de voix de son maître, Baptiste fit sentir au visiteur qu'on avait besoin de repos et non de sujet de mécontentement.

Afin d'entamer un véritable travail de rénovation, Brifaut fut alors envoyé (et à sa demande) chez son amie, la marquise de Grollieu, qui le gronda affectueusement :

— Si vous ne venez nous rendre visite que lorsque vous êtes malade, ma parole, nous finirons par vouloir votre mort pour que vous nous restiez éternellement !

— C'est que je reviens irrésistiblement chez vous, sourit fébrilement Brifaut, comme la nature à la vie ! Il vous sera bien difficile, madame, de vous débarrasser de moi. (Puis, répétant un compliment qu'il avait entendu ailleurs :) Le bonheur lui-même ne parvient pas à se défaire de vous !

Mme de Grollieu lui sourit mélancoliquement. Était-elle vraiment heureuse ? Elle s'évertuait surtout à le paraître aux yeux du monde, affectant une humeur toujours égale et toujours joyeuse, mais au fond d'elle-même, comme une graine dormante, une fleur hivernale ou fermée, elle retenait ce sentiment honteux et bas qu'elle ne s'avouait pas.

— Vos bons mots, persifla le comte de Nicolaï, sont comme ces pastilles que l'on distribue aux dames pour leur adoucir la voix…

Brifaut ne répondit pas. Malgré sa fonction, il refusait encore de se faire des ennemis. D'ailleurs, les yeux de la marquise s'étaient posés avec une lassitude bienveillante sur le vieux comte dont la goutte s'était emparée et avait gonflé le corps au point de paralyser toutes les extrémités. La maladie le rendait un peu méchant. Mais Mme de Grollieu avait pour la faiblesse humaine une clémence inébranlable qui l'excusait toujours. Surprenant ses regards, Brifaut la considéra avec une tendresse qui l'étonna lui-même. La marquise le remarqua mais ne se méprit pas sur les raisons de cette affection soudaine. Elle le connaissait trop bien pour ignorer que ce n'était pas là de l'amour. Elle savait son penchant pour les jeunes comédiennes et Brifaut la voyait telle qu'elle apparaissait à chacun, non comme une femme à aimer, mais comme une âme prodigue et charitable. Et il est vrai qu'elle veillait sur tout son petit univers avec indulgence tandis que son charmant paradis, à force d'accueillir toute la misère du monde, finissait par se transformer en mouroir.

Sa *ferme* pourtant devenait, à chacune des saisons, un peu plus qu'un simple salon ; c'était presque sa famille. Les habitués y revenaient fréquemment, allaient jusqu'à apporter leur pliant et ne l'abandonnaient que pour quelque affaire urgente à Paris ; d'autres ne quittaient même plus les lieux. Brunoy était un point de chute chaleureux qui avait transformé le salon en cercle et le cercle en foyer.

Les chambres avaient été initialement assignées selon le rang des visiteurs, puis le temps allégeant le protocole et les conventions, selon le degré de familiarité avec la maîtresse de maison. Celle de Brifaut n'était pas la plus grande mais elle avait une taille suffisante pour une séance de travail ou une sieste. Par faiblesse pour son hôte, la marquise avait acheté et fait porter chez lui un mobilier raffiné, propice, disait-elle, à son *génie de poète*. C'était là notamment qu'il avait pu écrire sa *Jeanne Gray*, sur une petite table rectangulaire, livrée tout exprès, dont les pieds lyres étaient réunis par une traverse. Ce détail qu'il retrouvait en motif incrusté sur la marqueterie du meuble l'enchantait. Il avait tout rédigé d'un trait et, dès qu'il y avait apposé le point final, l'avait lue le soir même à ses hôtes. Les compliments, malgré l'ennui suprême que leur avaient causé les trois derniers actes, nuls et sans crescendo, s'étaient multipliés : « Quelle verve ! Quelle sublimité ! Quel bonheur d'expression ! »

— On parlera de vous ! Je vous le prédis ! disait mystérieusement la marquise de Bouillé qui se piquait un peu d'être l'oracle des Tuileries.

— Vraiment, vous êtes le Voiture moderne ! avait encore ajouté le vieux comte de Nicolaï avec perfidie.

Personne heureusement ne comprit le trait : le poète était autrefois resté célèbre, moins pour le génie de ses vers que pour son bel esprit : il réussissait admirablement dans l'art de la conversation. Et bien qu'étant de naissance fort médiocre — Nicolaï n'avait jamais été dupe non plus de Brifaut —, Voiture s'était fait honorer au-delà de sa condition. Aussi dans l'idée de cet aristocrate, et l'analogie le montrait assez, leur hôte avait tout usurpé, et sa naissance et son talent. Mais les yeux de Brifaut s'étaient modestement détournés vers la pendule du salon, sur ce gentilhomme au luth cerclé de jets d'eau dans lequel il voyait une allégorie de son propre destin. Il s'excusa en rougissant, précisa qu'il *n'entendait rien à la poésie* et balbutia que seule la lyre de Mme de Grollieu avait *soutenu son inspiration* tandis que lui-même n'en était jamais que *le modeste dépositaire*. La marquise, qui n'était pas dupe de la flatterie, fut malgré tout sensible au compliment. D'ailleurs, ce n'était là qu'un demi-mensonge dont il n'avait pas pleinement eu conscience, convaincu de ce que sa créativité propre était libre, indépendante, naturelle. Or les conditions matérielles — le calme de la demeure, la petite chambre, la table ouvragée, les bons soins de la marquise — étaient loin d'être étrangères à sa productivité, et c'étaient elles qui le ramenaient sans cesse à Brunoy, « comme la nature à la vie ». Mais par-devers lui, Brifaut pensait sérieusement qu'il était avant tout poète, et par conséquent détaché du monde.

Ce ne fut qu'en pénétrant dans le domaine de Brunoy, en atteignant sa chambre, en posant ses regards sur la petite table rectangulaire aux lyres enroulées, que Brifaut, la gorge nouée, prit définitivement conscience que sa tragédie était perdue et sa carrière dramatique définitivement derrière lui.

Il resta trois jours chez la marquise au terme desquels il se sentit un peu mieux.

Le dernier midi, Mme de Grollieu avait réuni à sa table, en dehors de Brifaut, le cercle très réduit de ses fidèles : l'abbé Moreau, le comte de Nicolaï, le juge, M. de Monthyon, M. de Vofius, la duchesse de Sabrinet, la marquise de Bouillé, Mme de Vintimille et Mme de Bonchamps.

M. de Monthyon avait surpris tous les convives avec un uniforme inattendu : par coquetterie (séduire la marquise de Bouillé et être *de son temps*), il s'était vêtu d'un costume champêtre vert et blanc, tout à fait hors saison, et d'une perruque blonde qui, cette fois, n'était pas bouclée. Le costume suscita les applaudissements des convives qui, tout en le trouvant ridicule, tenaient à saluer l'effort.

Dès que le service à potage fut débarrassé, on fit servir un verre de madère sec, usage à la mode que l'on devait à un célèbre diplomate, qui rappela à Brifaut la disparition de sa malheureuse *Jeanne Gray* et surtout l'amitié scellée avec son secrétaire scélérat. Le magistrat profita de l'occasion pour présenter aux convives l'ouvrage qu'il était en train d'écrire. C'était un opuscule sur les contrôleurs généraux dans lequel il révélait la corruption de l'administration financière de l'ancienne monarchie et dénonçait ces surintendants qui, au nom de l'État, n'hésitaient pas à faire banqueroute. Tous les abus, commentait-il en direction des plus jeunes, quel que soit le régime, république, empire, royauté, viennent malheureusement *frapper à la porte de notre belle France*! Ses sentences faisaient naître le sourire aux lèvres autant qu'elles suscitaient l'admiration à l'égard d'un homme qui avait non seulement été le témoin de tant d'événements, mais qui incarnait encore à lui seul un passé que chacun regrettait.

Le ballet des valets interrompit la leçon. À la vue des papillotes de perdreaux aux truffes et des champignons en coquille, chacun poussa des cris d'admiration.

— Mais c'est *très grand genre*! applaudit Brifaut.

— Oh! J'en ai mangé il y a un mois à peine chez Borel, ajouta la marquise de Bouillé d'une moue désabusée qui charma le magistrat.

— Qui est-ce, ce Borel?

Il s'était tourné tout entier vers elle. La marquise déconcentrée par les nœuds verts du costume réprima un sourire.

— Mais comment donc! répliqua Vofius sans laisser à Mme de Bouillé le temps de répondre. Vous faites le jeune homme à la mode et vous ne connaissez pas Borel! *Chez Borel*, le fameux restaurant de la rue Montorgueil, voyons…

— Vrai? Vous ne connaissez pas Borel? Mais vous ignorez donc le bonheur! compléta en riant la marquise. Ils font un cervelas truffé absolument divin!

Piqué au vif par son rival, Monthyon moqua Vofius : il n'avait pas de leçon de jeunesse à recevoir de la part d'un homme qui portait encore un ruban à l'ancienne mode. Vofius ramassait en effet les cheveux à l'arrière et les faisait négligemment flotter sur les épaules. Les deux hommes ne s'adressèrent plus la parole jusqu'au dessert.

Lorsqu'on sortit de table pour prendre au choix un café ou une tasse de chocolat au petit salon, la conversation tomba sur le roi. La petite troupe s'était regroupée autour d'un grand feu de cheminée dont les braises rouges comme le métal en combustion contentaient tous les regards. Malgré les papillotes de perdreaux, les corps en pleine digestion s'étaient subitement refroidis. Brifaut plus que les autres avait des tremblements.

— Il paraît que le roi perd la vue, déclara M. de Monthyon.

Le brusque souvenir de Charles X, tel qu'il l'avait quitté lors de leur seule rencontre, ressurgit à l'esprit de Brifaut aussi nettement que s'il s'était tenu sous ses yeux. Il se souvenait de son visage émacié, de ses favoris recourbés formant comme une serpe sur les joues et de cette lueur, de cette expression vive et joyeuse qui avait traversé son regard lorsqu'il avait compris que son visiteur était *de son parti*. Rien dans ses yeux n'avait indiqué la moindre myopie et Brifaut refusait d'y croire, escomptant que son propre visage s'était durablement gravé dans la mémoire de son roi. Il rapporta donc par le menu, en guise de preuve irréfutable, l'entretien qu'il avait eu avec lui :

— … Et je vous assure qu'il y voyait tout à fait bien !

— Je l'ai moi-même rencontré aux Tuileries ! renchérit la marquise de Bouillé qui n'intervenait que pour rappeler qu'elle y avait ses entrées. Vraiment, il me voyait comme je vous vois !

— Vous êtes bonne ! s'écria Mme de Bonchamps en riant : vous êtes comme ces enfants qui jouent à colin-maillard, persuadés qu'en fermant les yeux plus personne ne les voit ! Ce n'est pas parce que vous avez *vu* le roi qu'il vous a *vue* en retour…

— Tenez, vous me rappelez ce *bon* Chateaubriand, ajouta Brifaut songeant davantage à son mot qu'à l'offense qu'il allait faire, j'entendais dernièrement à son sujet une épigramme fort piquante : *Quand on cesse de parler de lui, il croit qu'il devient sourd !*

Tous partirent d'un rire, en dehors de la marquise qui se pinça les lèvres sans relever la remarque. Elle ne voulait pas croire que ses « appas », comme on les appelait autrefois, n'exerçaient plus leur charme, et mit la réflexion sur le compte de la jalousie féminine sans imaginer un seul instant que la vue du roi avait peut-être en effet diminué.

— D'ailleurs, on dit qu'il renverse tout, l'eau, le vin sur les nappes, sans même s'en rendre compte…

— Médisance ! rejeta l'abbé avec gourmandise.

— Et comment non ? Si c'est la vérité !

— Savez-vous que perdre la vue, ajouta philosophiquement la duchesse de Sabrinet qui avait remis en place son râtelier, peut arriver aux gens les mieux nés !

L'argument remporta les suffrages de Brifaut : ce mal inattendu le rendait encore plus proche de son roi. Il ne pouvait plus ignorer en effet que sa vue déclinait sensiblement. Ses soucis avaient eu beau reléguer au second plan cette déficience nouvelle et inattendue, il n'en demeurait pas moins qu'il y voyait de plus en plus mal. Il ne s'en était ouvert à personne, pas même à Baptiste ni au docteur de

Cessac. Et pourtant, il ne faisait plus aucun doute que cette insuffisance exigeait de nouveaux soins.

— On raconte même, renchérit Monthyon, qu'à un spectacle auquel il ne voyait goutte on a demandé aux comédiens de jouer comme si de rien n'était…

Au son du mot *spectacle*, la marquise de Grollieu songea aussitôt à Brifaut. Depuis quelque temps, elle ne s'apercevait pas que tout jusqu'à un simple nom la ramenait insensiblement à son littérateur favori.

— Précisément…

Cette fois, la manie la surprit elle-même et, craignant d'être découverte, elle se mit à inventer des mots nouveaux, les articula avec coquetterie, choisit avec soin des métaphores rares qui ravirent l'auditoire et rappelèrent à tous qu'ils formaient toujours un salon :

— … Vous ne nous parlez même pas de votre nouveau *fonctionnariat* ! Avez-vous beaucoup *émondé* ? Dites-nous…

Brifaut hésita à répondre. La question lui causa même quelques palpitations. Attendu dès le lendemain au ministère, il aurait voulu profiter de cette parenthèse pour oublier ses tracas parisiens, Wagner, son secrétaire, le travail et le manuscrit perdu.

— Vous vous moquez, je le sens bien. Mais puisque vous le demandez, je vous réponds : on a dû couper certaines branches.

— Oh ! insista la marquise sans le contredire, contez-nous au moins l'infortune de ces *ramures* !

Brifaut se tâta encore, puis finalement engagé par la question parla de ses interdictions avec zèle et même avec plaisir. Il avait souvent remarqué qu'en dépréciant son travail, l'estime des autres s'étiolait, tandis que l'excès de confiance, qui en d'autres circonstances aurait été accusé d'immodestie, valait cent fois l'euphémisme et imposait partout le respect.

— Eh bien, puisque vous y tenez, nous avons par exemple fait interdire *Les Deux Forçats ou Du danger d'aller en galère et d'y faire de mauvaises connaissances*…

— Et pourquoi ? La pièce n'avait-elle pas l'air tout à fait édifiante ? Inciteriez-vous donc au crime ou à la maraude ?

— *Nego*. Mais on ne destine pas les mêmes pièces à tel théâtre notoirement réservé au genre commun et à une scène relevée comme celle du Théâtre-Français. Il n'était donc pas question d'autoriser *Les Deux Forçats*, fût-il, comme vous dites, édifiant.

— Quoi d'autre ?

— J'ai interdit Hugo ! ajouta Brifaut triomphalement.

Le ministre ne lui avait-il pas fait dire qu'il devrait prendre sur lui toute la responsabilité de l'interdiction ? Si l'infamie devait retomber sur ses épaules, qu'au moins la gloire lui revînt aussi si la décision était saluée.

— Bravo ! s'exclama Vofius qui étaient parmi les classiques l'un des plus virulents. Qu'on débarrasse nos belles-lettres de tous ces poitrinaires ! Hugo, Lamartine et les autres ! Ainsi les poètes sont mourants ? Eh bien, qu'ils crèvent tous, ces animaux-là !

— Vous exagérez toujours ! Lamartine a bien commis çà et là quelques bons vers…

Monthyon se tourna alors vers Mme de Bouillé et

déclama avec emphase une strophe du « Lac » que chacun savait déjà parfaitement :

Aimons donc, aimons donc ! de l'heure fugitive,
Hâtons-nous, jouissons !
L'homme n'a point de port, le temps n'a point de rive ;
Il coule, et nous passons !

Le comte, qui ne connaissait guère qu'une strophe, ne s'empêcha pas de temporiser de la main les quelques applaudissements de ses auditeurs, tout en guettant du regard un signe d'encouragement de la marquise.

Celle-ci, que les manœuvres du voisin laissaient indifférente, se tourna vivement vers Brifaut :

— Et pour quel motif, cette censure ?

— À cause de ses allusions à notre roi. La scène se passe sous Louis XIII, mais nous ne sommes pas dupes ! Un roi qui veut changer son sort contre celui des braconniers… Hugo se moque de Charles X !

L'équation parut à tous évidente et l'interdiction remporta tous les suffrages. Puis Mme de Bouillé songea tout à coup à la tragédie dont elle se croyait la muse :

— Et *ma Jeanne Gray* ? Comment se porte-t-elle ?

Mme de Grollieu lui lança un regard furieux. Depuis quand s'appropriait-elle l'œuvre du poète ?

— Oui. Comment va *notre Jeanne Gray* ?

Brifaut déglutit cette fois avec difficulté :

— Mal, très mal. J'oserais même dire que *Jeanne* n'est plus, mesdames, et qu'elle a rendu l'âme.

— Comment donc ? Comment cela ?

Brifaut fit le récit de sa disparition. Les uns crièrent à la négligence, les autres au complot, les autres encore à l'injustice, mais tous demandèrent réparation. Chacun avait oublié l'ennui mortel que leur avait causé la lecture de la pièce, parce que le temps et l'amitié transforment de bonne foi la flatterie en parole sincère. Brifaut cependant, s'il était dupe de ses amis, ne l'était pas du baron et avait cru deviner, lors de leur entretien, que sa *chose* était mauvaise. À ce souvenir, son cœur se serra.

La conversation dévia ensuite sur l'inconfort des poètes, l'exigence de pensions royales, la reconnaissance tardive ou même aléatoire. La marquise de Grollieu modéra les lamentations de ses convives en évoquant *Les Veillées du Tasse* récemment traduites de l'italien et dont la lecture l'avait enthousiasmée. Quel poète pouvait aujourd'hui rivaliser avec les malheurs de l'artiste italien ? Ces *Veillées* prétendaient — car son caractère apocryphe devait longtemps rester ignoré — exhumer d'anciennes méditations du Tasse lui-même et la marquise y était d'autant plus sensible qu'elle avait, comme beaucoup de ses contemporains, entrepris à Rome, en même temps que ses écoles de peinture, le pèlerinage de Saint-Onuphre, lieu de sépulture du poète. Vofius la gronda un peu :

— Le Tasse ! Seriez-vous donc devenue romantique ? Il paraît que Byron et Goethe, Chateaubriand lui-même s'y sont rendus ! Mais dans quel camp êtes-vous, chère amie ?

— Que vous êtes agaçant avec vos catégories ! répondit-elle en se tournant vers Brifaut dont elle escomptait le soutien. Que de guerres inutiles ! Posez donc vos armes ! La littérature se moque bien de vos étiquettes !

Songeant aux théories de Mlle Geoffroy, Brifaut acquiesça d'un sourire. La marquise, qui ignorait l'origine de cet encouragement, crut qu'elle en était la cause et soupira d'aise.

— Et puis c'est un voisin, intervint Mme de Vintimille songeant par là à mettre un point final à la discussion : *il Tasso* est né à *Sorrento.*

Mais la marquise de Grollieu revint à son ouvrage qui, disait-elle, faisait fureur dans l'Europe entière. Brifaut tendait une oreille attentive à ses récits car le poète était associé à un souvenir personnel qu'il chérissait encore, celui des soirées de son enfance au cours desquelles son père leur lisait, à sa mère et à lui, *La Jérusalem délivrée.* Il entendait encore sa voix nerveuse et grave parfois interrompue par les coups de vent contre les fenêtres. Son amie s'était de son côté levée pour aller chercher son exemplaire et sa lecture s'associa à celle de son père :

> *Au moins, j'en laisserai quelques traces dans l'univers. Mon nom sera cher à plus d'un titre. […] mais un jour ces feuilles verront la lumière ; je ne serai plus alors au nombre des vivants. Elles seront lues avidement, et peut-être avec un sentiment religieux…*

Brifaut songea mélancoliquement qu'il était un peu lui-même comme ce Tasse et ses amours infortunées pour Léonore, interné sept ans à l'asile de Sainte-Anne puis enfermé à Ferrare avant de mourir à cinquante et un ans. Le nom du Tasse resterait pour des siècles gravé dans la mémoire des hommes… Et le sien ?

À la fin du repas, Monthyon invita les hommes à une partie de billard et demanda à Brifaut d'être son *partner*. Mais ce dernier, qui depuis le café ne se sentait pas bien, déclina l'invitation et se retira dans sa chambre.

Lorsqu'il fut enfin seul, il ouvrit la fenêtre et la luminosité douce de la fin d'après-midi l'emplit de tristesse. Le soleil de décembre toujours pressé de disparaître s'était brusquement couché et Brifaut n'avait eu le temps ni de suivre sa course ni de le voir s'éclipser. Cela déconcertait son rythme naturel, lui pour qui une soirée se comptait en heures et non en minutes ni encore en secondes. Il songeait avec mélancolie à ces crépuscules de juin où le soleil s'éternisait, longuement, interminablement, tandis que les sorbets tièdes se liquéfiaient et que les conversations ou les couleurs de la campagne se languissaient. *Qu'importe le soleil ?* disait le poète. *Je n'attends rien des jours.* Mais les vers de Lamartine n'allégèrent pas son chagrin. En constatant qu'il l'avait manqué, il était plus malheureux encore que d'habitude. Les dernières journées passées à Brunoy, l'insouciante gaieté, les conversations libres, la connivence entre gens de bonne compagnie, confiantes, immuablement attachées *aux vraies valeurs de la France* (tandis qu'à Paris tant d'intermédiaires, de négociateurs et d'obstacles se mettaient entre lui et son roi), toute cette joie enfin avaient été pour lui si vives et si lumineuses que ce soleil silencieux disparu trop tôt semblait lui dire que son bonheur était déjà passé. La terreur de rentrer chez lui l'étreignit comme un enfant. En un éclair, il revit nettement les traits du visage de Kovaliov en habit neuf, le sourire aux lèvres.

Mais un événement imprévu devait le sortir pour quelques heures du moins de sa mélancolie. La marquise de Grollieu avait réservé pour ses hôtes les plus chers une de ces surprises dont elle était coutumière. Elle avait su recruter une troupe de comédiens invités à jouer dans un petit théâtre qu'elle avait secrètement aménagé dans l'un de ses salons. On exécutait ce soir-là une pièce en un acte d'un auteur inconnu mais chaudement recommandé par Mme de Duras. La saynète, de facture fort médiocre, mit cependant toute la compagnie en joie. Elle était en effet rehaussée par le jeu de ses comédiens, le très amusant Moncade et, surtout, la divine Mlle Geoffroy à laquelle vraiment personne ne s'attendait. C'était elle ! Brifaut rajeunit soudain de quelques années. S'il n'écoutait le texte que d'une oreille distraite, il ne perdait rien du spectacle. À la fin du tableau, la petite troupe fut chaudement applaudie. Moncade, qui mieux que personne savait ménager ses sorties, salua à son tour le parterre puis attrapa son chapeau qu'il cala sous son bras, fendit les deux rangées en dérangeant les fauteuils ainsi que le public, puis lança en leur direction un dernier mot qui fut encore applaudi, avant de disparaître tout à fait. Il s'engouffra dans sa voiture qui l'attendait. Alors la marquise se leva vivement pour rejoindre Mlle Geoffroy, la suppliant d'être des leurs pour le souper et même de rester pour la nuit. Elle était, disait-elle pour la convaincre tout à fait, « la planche de salut » de leur soirée.

La comédienne, qui ne s'était aperçue de la présence de Brifaut qu'à l'heure des applaudissements, tenta bien de décliner l'invitation, mais prise au piège, à court d'arguments, pressentant l'offense qu'elle leur ferait à tous à commencer par la maîtresse de maison, dut se ranger à leurs prières. Elle s'éclipsa cependant, prétextant un changement de tenue pour écourter la compagnie de Brifaut. Tandis qu'elle se faufilait dans les escaliers, guidée par l'un des serviteurs, il la suivit à distance. Il gravit discrètement les deux niveaux et la vit emprunter un couloir qu'il ne connaissait pas. Elle écouta les dernières recommandations du valet, puis celui-ci sortit aussitôt de sa chambre et Brifaut eut à peine le temps de se cacher dans la lingerie de l'étage. Il patienta quelques secondes afin d'apaiser les battements de son cœur dont il imaginait déjà que leur bruit le trahirait, puis en sortit à pas feutrés. Il s'approcha de la pièce et s'arrêta soudain, stupéfait d'entendre des éclats de voix. Un homme et une femme échangeaient de vives paroles :

— Mais tu m'avais promis cette soirée ! Tu en avais même fait le serment !

— Tatata ! Je n'ai rien promis du tout ! Et puis tu es assommant à la fin avec tes prières…

— Alors je resterai ici !

— Non, non ! Tu ne resteras pas. Je te rejoindrai demain à Paris, mais tu ne dormiras pas dans cette chambre… Et que dirait-on de moi si on te surprenait ici ?

Brifaut s'était approché de la porte restée entrouverte pour surprendre l'homme qui avait non seulement l'audace d'être son amant, mais encore de vouloir compromettre son honneur, prêt à le provoquer en duel si ses demandes trop pressantes la mettaient en péril. Il tenta de reconnaître l'inconnu mais il était posté de dos, empêchant même de distinguer Mlle Geoffroy. Tout à coup, l'homme s'empara d'elle et dans un élan violent l'étreignit. Ses mains s'étaient mises à serrer sa taille et son cou, et le corps de Mlle Geoffroy, presque inerte, déplacé mécaniquement, comme contorsionné sous l'effet du baiser, lui fit dos à son tour. C'est alors que Brifaut distingua les gants de velours rouge ! C'était donc lui, l'homme de la rue Vendôme ! Mais lorsqu'il sentit sur lui la brûlure de deux yeux, étincelants comme au bal, incandescents, perçants comme une lame, il le reconnut tout à fait : Kovaliov ! Kovaliov qui le regardait lui, et non pas elle ! Il crut même que le copiste le reconnaissait. Ce n'était pas à proprement parler un sourire. C'était un rictus, une grimace qui le narguait et l'écrasait sous le poids de son triomphe.

Brifaut recula d'effroi et ne parvint à se retourner tout à fait qu'en atteignant l'escalier. Là, il dévala l'étage quatre à quatre et s'enferma dans sa chambre en haletant. Depuis sa fenêtre encore ouverte, il se mit à scruter la campagne déjà sombre, tirant comme certaines mers sur le bleu de Prusse. Les arbres au loin, noirs et déliés, venaient se découper à l'encre chinoise. Soudain, son œil déjà habitué au crépuscule vit tomber du ciel des ombres par centaines. Ce n'était pas une ombre quelconque, ni une chimère, ni même une illusion d'optique, c'était sa propre forme partout multipliée, reproduite, dispersée, et qui s'échouait sur le sol, absorbée, dévorée par cet océan de collines, quand d'autres silhouettes renaissaient toujours plus haut. Il pleuvait des ombres tristes comme autant de souvenirs de lui. Épouvanté, il reconnut partout les contours de sa redingote, sa canne et son chapeau, et voulut hurler, en vain. C'était une terreur muette que rien ne venait apaiser puisque les répliques de lui-même s'évanouissaient toujours, sans discontinuer. L'océan de ténèbres aspirait tous ses moi et venait s'enrouler sur eux comme un tapis sans fin. Que lui voulait-il à la fin ? Quoi ! Ne serait-il donc jamais tranquille ?

Ses jambes le trahirent. Il s'écroula, inerte et lourd comme un sac de plomb.

À son réveil, un cercle de visages amicaux tentait de le ramener à la vie. Toute la petite société de Brunoy, la mine soucieuse et éclairée à la chandelle, s'était réunie dans sa chambre après que l'une des servantes l'avait retrouvé près de la fenêtre ouverte. Le dîner avait été servi, et comme on ne le voyait pas reparaître on avait fini par s'inquiéter, d'autant que Mlle Geoffroy elle-même les avait brusquement quittés pour une affaire urgente avant même de passer à table. Les convives avaient dû interrompre le hors-d'œuvre, une brandade de merluche digne des frères Provençaux, et courir à l'étage. Mme de Grollieu lui tamponnait le visage avec un gant humide, la main sur le front, le magistrat tâtait son pouls, les dames le ventilaient avec leur éventail. On parlait d'aller chercher le docteur, on se fâcha même : quelle idée, dans son état, d'ouvrir la fenêtre ?

Brifaut, les yeux toujours plissés, le corps fiévreux, divaguait et proférait des paroles incompréhensibles :

— Ils m'ont dérobé le soleil…

— Eh ! Qui donc ? Allons, allons, ne vous inquiétez pas, vous le reverrez bien assez tôt. Tenez, je vous fais le pari que dès demain, il réapparaîtra !

— En vain le jour succède au jour…

— Mais que dit-il ?

— Ils lui ont interdit de paraître…

— Il délire, ma parole !

— Appelez immédiatement le docteur !

— Ils me l'ont dérobé, vous dis-je ! Le docteur n'y pourra rien ! Tout est fini ! Tout ! Tout !

Les élucubrations de Brifaut durèrent toute la nuit. À son réveil, lorsqu'on fit le récit de ses divagations dont il n'avait lui-même pas le moindre souvenir, l'examinateur eut tellement honte de lui-même qu'écourtant les civilités, à la limite de l'incorrection, il quitta le domaine sur-le-champ.

Dans la voiture que Julien avait conduite de Paris, il médita. Ses pensées étaient traversées par des sentiments d'embarras et de confusion, il était inquiet de ce qu'on pouvait penser de lui. Quoi ! Faudrait-il que Kovaliov entravât tous ses désirs ? Qu'il se mît toujours en travers de son chemin ? Qu'avait-il fait ? Garderait-on pour toujours l'image d'un homme délirant ? Brifaut ne parvenait pas à savoir ce qui de la passion, du jugement des autres ou de la honte d'être poursuivi depuis son enfance par des visions infernales le faisait le plus souffrir. Qu'est-ce qui le tourmentait le plus ? Était-ce sa propre folie, ses amours malheureuses ou le regard extérieur dont il se figurait l'intransigeance? Il se posait la question avec une gravité sincère, soucieuse, perplexe, profondément désireux d'y trouver une réponse. Fort heureusement, Mlle Geoffroy, elle, ne l'avait pas surpris. Kovaliov trahirait-il le secret? Le jugerait-elle impitoyablement? Tandis qu'un cahot de la route le fit presque basculer de son siège et que l'image du joquetier prit forme dans son esprit, il songea à ses domestiques, à Rose et ses bouillons, à Baptiste et sa sollicitude paternelle, et s'aperçut que devant eux, devant son personnel dans l'intimité de son appartement du 27 de la rue du Bac, il n'éprouvait aucune honte. « En famille », il en assumait presque ses cauchemars. Il en souffrait, certes, mais endurait sa peine avec fatalité. C'était au-dehors, à l'Institut, au ministère ou à Brunoy, à la face du monde en somme, qu'il redoutait le plus l'appréciation des autres, bonne ou mauvaise, ces autres auxquels il accordait tant d'importance, tant d'estime et de jugement. Sa honte était proportionnée à l'admiration qu'il portait aux hommes. Mais dès que la crise survenait à la maison, celle-là se transformait en une terreur enfantine, circonscrite et intime, que la lumière du petit jour parvenait à apaiser.

Il resta chez lui quelque temps encore et finit par trouver le repos.

Wagner avait fini par s'agacer des absences répétées de son inspecteur, plus souvent à l'Institut qu'au ministère, d'autant qu'il était depuis quelque temps sujet à des attaques du cénacle romantique de plus en plus fréquentes et de plus en plus vives. Il courait partout la rumeur selon laquelle Brifaut ne servait plus à rien, ni au théâtre, ni à l'Académie, ni même au cabinet. Son zèle à tout interdire s'était violemment retourné contre lui.

Le Figaro venait de publier une mauvaise épigramme à l'encontre des académiciens élus à la place de Lamartine et qui circulait dans les cercles littéraires :

Briffault, Guiraud riment ensemble.
Le nom d'académicien
Avec ces deux noms-là ne rime pas trop bien.
Ces deux noms-là valent qu'on les rassemble,
Puisqu'on dit qu'ils ne riment à rien.

Lorsqu'il entrait à l'Académie pour une séance ordinaire, tous les yeux se tournaient vers lui, scrutant la faille, escomptant le faux pas. Ceux qui avaient autrefois *cabalé* pour lui doutaient eux aussi du bien-fondé de leur opération. Mais la défense de la langue française restait son terrain de jeu favori et c'était là, le plus souvent, qu'il remportait la partie et rassurait ses alliés. C'était là aussi qu'il s'assurait un semblant de gloire.

Les récents travaux de l'Institut concernaient la réforme de l'orthographe : l'aile libérale militait pour le passage de *oi* à *ai*, plus conforme à la prononciation courante. Elle suggérait même de rétablir au pluriel le *t* entre le *n* et le *s* comme dans les *dents.* Mais Brifaut, avec une affabilité appuyée à laquelle on ne pouvait rien refuser, s'arc-boutait sur la graphie traditionnelle dont la forme poétique sautait clairement aux yeux. Comment se distingueraient-ils donc du peuple si ce n'était par l'orthographe ? Pouvait-on seulement imaginer que *Je connois les savans François* pût s'écrire autrement ? Bon nombre de ses collègues qui étaient de son avis applaudirent chaleureusement. Mais les autres crièrent à l'obsolescence de la langue et au passéisme de l'Institut. Brifaut s'en remettait à la tradition : qu'y pouvons-nous si cela a toujours été ? La seule entorse à la langue qu'il leur concédait était que, conformément à leur étymologie (dont certains hellénistes doutaient fort), l'on rétablît les deux *h* dans le mot *aphthe.*

Ses sorties à l'Académie, malgré les formes qu'il y mettait, ne lui faisaient pas que des amis. Il avait ainsi reçu d'Émile Deschamps une sorte d'ordonnance dans laquelle, lui qui avait pris fait et cause pour Victor Hugo, il bannissait définitivement Brifaut du monde des lettres. L'inspecteur, qui ne voulait se fâcher avec personne, lui avait répondu par une lettre pleine d'esprit :

Mais comment faites-vous donc pour posséder tous les talents ? Vous savez plaire, même en désobligeant. Si vous n'êtes pas pour moi le Sauveur, vous êtes mieux. Je suis proscrit et charmé. Adieu, Monsieur. Il vous appartient d'être le fondateur de la nouvelle Loi. Permettez-moi pourtant de ne pas figurer parmi les nouveaux convertis. Je suis trop endurci pour me repentir, mais je ne vous crierai pas moins Hosanna.

Le Pharisien délogé par vous,

Briffault

Paris ou Jérusalem,
le 1er du mois de l'ère d'Émile Deschamps

En réalité, la coalition qui grondait contre lui l'affectait profondément et le rongeait même depuis quelque temps. Aussi, lorsqu'il entra dans le bureau de Wagner, était-il encore sur la défensive. On l'avait fait venir sous prétexte d'une information urgente et, d'un ton d'abord complice, magnanime puis de plus en plus menaçant, Wagner lui avait fait part de ses réserves :

— Comprenez bien, cher ami, que Son Excellence s'inquiète. Tout le monde s'inquiète… à commencer par vos collègues : vous ne collaborez avec personne ! Laya me révélait l'autre jour que vous ne leur rendiez presque jamais visite… sinon pour faire réécrire des procès-verbaux ou vous indigner contre des bagatelles ! Mais c'est une commission ! N'oubliez jamais que vous êtes cinq ! La signature doit être collective. La chose n'est guère admissible… Un seul petit étage vous sépare ! Déléguez, si la charge vous paraît trop lourde ! Conservez le Théâtre-Français et confiez-leur l'Odéon ! Je vous donne ce conseil *en ami*…

Brifaut, dont la recommandation réduisait les prérogatives — et partant l'autorité —, se récria :

— Je vous assure, monsieur, que je saurai tout à fait me montrer digne de la tâche. J'ai été, il est vrai, fort souffrant ces dernières semaines…

— Oui, en effet, l'on m'a dit que…

L'inspecteur crut qu'il faisait là allusion à sa désertion au bal et imagina même que Mlle Geoffroy s'en était dernièrement émue.

— … Mais je suis plus que jamais rétabli ! Vous connaissez sans doute le docteur de Cessac. Il fait avec moi des miracles ! Laissez-moi donc mes théâtres !

— Je ne voudrais en aucun cas vous en priver mais peut-être serait-il plus prudent que…

— Ce sont là d'inutiles précautions, croyez-moi, et je serais fort contrarié si vous me l'ordonniez…

— Soit ! Je vous donne un mois. Soyez à votre poste !

Lorsqu'il revint au bureau, son secrétaire, assis à sa table, avait repris son activité consciencieuse, la plume grattant des notes interminables, et le sourire dont il gratifia son maître était plus servile encore qu'à son habitude.

Il lui demanda des nouvelles de sa santé et de son séjour passé auprès de la marquise de Grollieu. Brifaut l'observa, interdit, mais comme il ne saisit dans son regard aucune connivence particulièrement malveillante, il emporta sans répondre la masse des dossiers à consulter et referma la porte. Personne, se dit-il en maugréant, ne s'inquiétait des absences de son secrétaire. Pourquoi en faisait-on grief à lui seul ? Pourquoi s'en prenait-on au seul qui protégeât si héroïquement les théâtres ?

Le soir même, à dix-huit heures, Brifaut était attendu à la Comédie-Française. Depuis qu'il avait accepté de retirer de sa *Blanche d'Aquitaine* le dernier vers litigieux, Hippolyte Bis avait reçu l'autorisation de jouer son drame qui, contrairement aux reprises classiques du *Bourgeois gentilhomme* ou de *Bajazet* annoncées plusieurs semaines à l'avance, n'avait été affiché que la veille pour ne pas éveiller les soupçons. La ruse des directeurs de théâtre consistait en effet à ne mettre en avant le répertoire ancien que pour ne pas exposer trop en amont les dernières nouveautés. Taylor avait donc envoyé à Brifaut une invitation de dernière heure.

Par discrétion, l'inspecteur n'avait pas réservé de loge. Il prit donc place dans l'orchestre au milieu des têtes chenues du parterre qui pour la plupart étaient de son parti. Sa voisine, une dame un peu forte qui portait un corsage « à la circassienne » serré à la taille par une ceinture, et dont les larges extrémités peintes à l'indienne avec des épis et des feuilles de maïs débordaient un peu sur les accoudoirs et sur son propre habit, s'excusa d'occuper tant de place. En se tournant mieux vers lui, elle le reconnut aussitôt. Elle chuchota au creux de l'oreille de son mari le nom de *Brifaut* et les deux époux le saluèrent avec une insistance désagréable, allant jusqu'à lui demander malicieusement s'il venait *pour son plaisir* ou pour *surveiller ses petits*. Brifaut n'osa leur répondre que de l'écrivain ou du public il n'aurait su dire lequel était le plus enfant car il avait contre la foule les préventions les plus sérieuses et presque une aversion. Elle n'était jamais à ses yeux qu'une troupe immature, capricieuse, capable des pires débordements, et il prenait à cœur de protéger toutes les familles de France qui, désireuses de s'aventurer au théâtre avec leur progéniture et surtout avec leurs filles, devaient être assurées d'y trouver un spectacle honnête, moral et de bon goût. Brifaut jeta vers les balcons des regards inquiets.

Le rideau se leva enfin. Le censeur regretta rapidement son engouement initial pour cette tragédie qui n'abordait son sujet *que de profil.* Contrairement à ce que sa mémoire en avait conservé, les deux premiers actes étaient longs et ennuyeux. Il s'assoupit même un peu et n'ouvrit un œil qu'en voyant enfin, dans la troisième partie, apparaître Mlle Duschenoy. Dans les premiers moments, il s'intéressa moins à la comédienne qu'à la femme et se remémora les paroles très dures que Mlle Geoffroy avait proférées à son encontre. *Une guenon…* Si Brifaut avait à l'égard de la laideur une aversion naturelle qu'il croyait unanimement partagée, personne ne pouvait décemment contester que la Duschenoy renfermait une profondeur qui faisait d'elle la meilleure tragédienne du moment. Sa voix était puissante et elle savait équilibrer ce qu'il fallait de pathétique et de rudesse pour éviter de sombrer dans le larmoyant. Il reconnaissait son génie, mais son rôle était si mal ficelé que son attention fut aisément détournée par le grincement d'une boîte de pastilles que sa voisine dévissait. Il se mit à suivre ses mouvements. Elle forçait sa discrétion en réprimant une toux soudaine et incontrôlable, desserrant le couvercle, réussissant soudain à l'ouvrir comme une capsule, puis suçotant lentement le bonbon tout en revissant le couvercle. L'action n'excéda pas quelques minutes qui suffirent pourtant à lui faire perdre tout le fil du spectacle.

Ce ne fut que lorsque le personnage d'Émine entra en scène que Brifaut se réveilla tout à fait. L'actrice se présenta, précédée du long monologue d'un gouverneur qui la dépeignait sous un jour très noir, et s'avança, d'abord en silence, lentement, saintement, hiératique et lumineuse en épouse empoisonneuse, puis à mesure qu'elle s'approchait des premiers rangs dans une robe blanche de facture médiévale dont les étoffes délicates laissaient deviner en transparence ses formes, les spectateurs découvrirent qu'elle était presque nue. Leur respiration contenue changea l'air de la salle en une touffeur suffocante. Aux visages fixes et attentifs, à tous ces cous tendus comme des héliotropes vers la scène, Brifaut comprit que la beauté de la reine avait ensorcelé le parterre. Mais un peu comme Ulysse au milieu de ses compagnons, c'était sa vue basse, et non un mât, qui l'empêchait de se précipiter vers la belle inconnue. Il pesta une fois encore contre son étourderie qui lui avait fait oublier sa lorgnette. Il ne la voyait presque pas. Il s'en remit donc à sa voix, cette voix si familière et si inespérée… Était-il possible que… ? Mme Valmonzey qui s'était, l'apprendrait-il plus tard, enroué la voix, avait été remplacée au pied levé par Mlle Geoffroy. Quoi ? Une nouvelle fois ! Il la rencontrait décidément partout ! Brifaut plissa les yeux pour la reconnaître mais il dut se résoudre à admettre que sans lunettes il ne voyait presque rien, ou du moins pouvait difficilement en apprécier la beauté. Il tâcha malgré tout de la suivre, excusa ses gestes outrés, ses trémolos irritants et ses défauts de prononciation :

Duc, lisez d'un complot l'écrit accusateur
Le trône en est le but, et Charles en est l'auteur…

Mais il applaudit à la justesse de son caractère. Comme Clytemnestre ou Sémiramis avant elle, Émine était une figure complexe, intransigeante en public mais secrètement rongée par le remords en privé, et tout l'intérêt de la tragédie se réfugiait là, précisément dans ce rôle. Joanny était certes excellent en conspirateur et rien ne pouvait remplacer la voix vibrante de Ligier, mais Mlle Geoffroy, quoique détonnant par son impudeur aussi bien que par la médiocrité de son jeu, avait su, par sa seule voix et sa beauté, charmer le public, l'envoûter et l'entraîner dans son crime.

Le succès fut réel.

Il fallait donc que l'incident qui allait se produire fût bien grand pour que la joie de Brifaut pût se métamorphoser en un laps de temps si court en rage folle.

À la dernière scène en effet, au moment même où Hugues Capet devait répondre à Charles de Lorraine et à son *J'en appelle à mes droits!*, le futur roi de France se leva, traversa silencieusement la scène jusqu'à son rival, d'un pas solennel et lourd qui sonnait à la fois comme une protestation contre la police et contre la Commission d'examen, et la réplique interdite fut remplacée par une pantomime dont l'effet sur le public fut plus puissant encore que les mots : Hugues attrapa des mains de l'autre le certificat qu'il exhibait en gage de légitimité, se tourna vers le public, vers cette *France* que la rime devait initialement appeler, et le déchira en mille morceaux qui tombèrent en pluie fine sur les planches. Un frisson parcourut le parterre. Le jeu de scène eut beaucoup plus de conséquence sur le public que ne l'auraient jamais eue les mots censurés. Les bravos fusèrent de partout et Brifaut, par ce tonnerre d'applaudissements, se sentit personnellement visé, et son autorité contestée. L'affront du comédien, et par-delà de l'auteur, était manifeste et personne ne pouvait encore douter de la teneur politique que revêtait l'enthousiasme de la salle. Charles X était dans tous les esprits.

Hippolyte Bis fut à la fin demandé et son nom, proclamé par Firmin, reçut une ovation.

Brifaut, fou de colère et mortifié de découvrir avec quelle aisance on pouvait contourner ses instructions et déjouer ingénieusement la censure, prit conscience qu'il ne lui faudrait plus seulement superviser les textes mais encore les spectacles, les jeux, les décors ou les mimiques, tout ce qui serait de nature à signifier autre chose que ce que la lettre disait. Il avait encore en tête la provocation de Ducange et Dinaux, mais c'était à la Porte-Saint-Martin et non au Théâtre-Français… Au milieu des applaudissements, et des regards appuyés de sa voisine, il fut soudain pris de vertige. Les ruses étaient si nombreuses, les biais si subtils et si multiples que s'il devait, en plus des manuscrits, se préoccuper des représentations, sa tâche devenait infinie.

Lorsqu'il sortit du théâtre, il était aveuglé par la fureur. Celle-ci fut encore excitée par la vision de passants qui, pour certains, rentraient chez eux en famille, pour d'autres flânaient sur la place et dans les rues adjacentes. Il flottait dans cet air de fin février comme un avant-goût de printemps. Les hommes, au bras de leur épouse, marchaient nonchalamment et glissaient à leur oreille des paroles qui faisaient naître sur leur bouche trop peinte un sourire entendu. Brifaut se persuadait que chacun se moquait de lui.

Il se dirigea vers le Louvre, traversa la Seine et ne reconnut aucun des monuments qu'on devinait au loin. Seules des taches sombres, immobiles et aux aguets, comme des bêtes fantastiques, se dressaient devant lui. Mais Brifaut n'y prêtait aucune attention. Il était bien trop absorbé à préparer et nourrir sa vengeance pour se soucier des formes inquiétantes que prenait Notre-Dame dans la nuit. Il était fermement décidé à interdire le spectacle au plus vite et jetait sur tous les passants des regards furibonds : On insultait la Commission d'examen ? On narguait la police ? Non, non, pauvres fous, cela ne se passerait pas comme ça ! Il mettrait fin à la plaisanterie plus tôt qu'ils ne le croyaient !

Au moment de se diriger vers la rue du Bac, Brifaut s'arrêta tout à coup, se rétracta et changea d'avis : il décida ne pas rentrer directement chez lui, bifurqua et prit le chemin du ministère. Un enthousiasme nouveau, prodigieux, irrépressible, une nécessité suprême et presque diabolique d'en découdre s'étaient emparés de lui. Mais il songea soudain que s'il arrêtait les représentations de *Blanche d'Aquitaine*, il mettait fin à la suppléance de Mlle Geoffroy, et peut-être aussi, plus sûrement, à leur possible rapprochement. Il fallait être prudent.

Lorsqu'il arriva au pied du bâtiment, Brifaut dut emprunter une porte dérobée qu'il ouvrit grâce au jeu de clefs dont il avait réussi à se procurer le double. Dès la nuit tombée, l'entrée principale était interdite à tous les fonctionnaires. Il entra d'abord sur la pointe des pieds puis, prenant soudain conscience qu'il était seul, se mit à marcher plus vite dans les escaliers et dans les couloirs. Depuis quelques mois, il avait eu si souvent l'occasion de venir qu'il aurait pu parcourir les lieux les yeux fermés. Le silence absolu des murs et les échos que les dalles renvoyaient de ses pas le rassurèrent étrangement. Il se sentait chez lui.

Il ouvrit promptement la porte et s'arrêta net : un rai de lumière filtrait sous le seuil de l'autre pièce. Quelqu'un était donc dans son bureau ! Mais parce que les épreuves de la journée, depuis l'entretien avec Wagner jusqu'à la représentation de *Blanche d'Aquitaine*, l'avaient harassé puis comme mis en transe, armé soudain d'une rage qui lui fit surmonter sa couardise naturelle, il tourna brusquement la poignée et s'écria avant même d'en avoir la certitude absolue :

— Kovaliov ! C'était pour ça qu'avec des airs doucereux vous me précédiez partout ! Vous passiez donc vos nuits ici ?

Le secrétaire, surpris, s'était levé d'un bond dans un grand fracas de chaises. La chandelle jetait sur le mur son ombre immensément grandie. Le silence de leur rencontre n'était perturbé que par un feu timide qui crépitait dans un coin de l'âtre.

— Ce n'est pas ce que vous croyez…

— Et que savez-vous donc de ce que je crois ? Je ne crois que ce que je vois ! N'êtes-vous pas dans mon bureau ? Aurais-je la berlue ?

— Si fait, je ne puis que…

De crainte, il s'interrompit de lui-même. Brifaut s'était approché et soulevait nerveusement les dossiers que le secrétaire était en train d'examiner. Il vit que son homme annotait certains de *ses propres* manuscrits censurés ou admis et qu'il s'en était procuré d'autres dont lui-même ignorait l'existence. Il s'en emparait, l'un après l'autre, les portait à la lumière du foyer pour en examiner le contenu, et pour bien faire sentir à l'autre son humeur exagérait ses allées et venues en cognant sur le sol sa canne et ses escarpins d'apparat. Il avait un peu ajusté sa tenue de bal à une sortie au théâtre et n'avait ressorti pour l'occasion que le gilet court et les souliers brillants.

Brifaut marmonna soudain entre ses dents quelques paroles âpres à destination du secrétaire sans pourtant lever les yeux sur lui :

— Comment peut-on oser toucher à mes manuscrits ?

— C'est que justement, vous êtes… comment dire… Vous êtes si souvent absent que…

— Comment cela, *absent* ?

— Oui, je veux dire… rarement au cabinet… On me l'a fait remarquer et je dois dire que…

— Qui dit cela ? Alors on m'espionne ? On me contrôle ? Moi, *inspecteur de la Commission d'examen* ! Et par qui, je vous le demande ? par qui ? par des sous-fifres de votre espèce ? Oh ! c'est le renversement de tout, la fin du monde, la révolution ! Mais ça ne se passera pas comme ça ! Non, non…

Alors, Brifaut s'arrêta net comme traversé par une fulgurance nouvelle, et chercha tout autour de lui un semblant de couverture ou d'oreiller. Il ne trouva rien. Domptée par la surprise et l'incompréhension, sa voix s'assourdit alors :

— Et où dormez-vous, je vous prie ? Ici ? Chez moi ? Au ministère ?

— Non, non, je vous assure…

— Où donc ? Où ?

— Nulle part…

— Comment cela : *nulle part* ?

— Je veux dire…

— J'écoute !

— C'est que…

— Oui ?

— Je… je ne dors pas.

— Vous ne dormez pas ?

Brifaut, partagé entre la répulsion — ne pas dormir : c'était presque un crime — et l'incrédulité, s'immobilisa. Cet homme était-il insomniaque ? Ou se cherchait-il des excuses pour le traquer ou même, plus sûrement, lui dérober sa place d'inspecteur ? Oui, bien entendu, ce ne pouvait être que cela ! Cet homme n'était qu'un intrigant ! Il l'avait remarqué dès le premier jour. Alors un éclat de rire proche de la démence emplit la pièce :

— Ha ! Ha ! Ha ! Je connais bien la fable ! Vous prenez-vous donc pour Argos aux cent yeux ? Ah ? Oh ? Vous ne dormez jamais ? Mais sachez que je vous ai vu, moi, me surveiller ! Vous croyez donc avoir un temps d'avance sur moi, vous croyez pouvoir me distancer, mais vous ne parviendrez pas à tromper ma vigilance ! Je vous ai à l'œil ! Je vous vois partout ! Oh ! Oh ! Avec Wagner, je vous ai vu ! Avec Hugo, je vous ai vu ! Avec Mlle Geoffroy, je vous ai vu ! D'ailleurs, dormez, ne dormez pas, peu m'importe ! C'est moi qui vous suivrai partout !

Il s'interrompit soudain, reconnaissant sur le bureau le recueil de ses *Procès-verbaux*. Il aurait pourtant juré que le manuscrit n'y était pas la seconde précédente.

— Qu'est-ce que c'est que cela ? D'où l'avez-vous sorti ? Fouillez-vous donc dans mes affaires ?

Kovaliov, sentant qu'un malheur allait se produire, bondit sur le texte pour s'en emparer et le protéger. La lutte n'excéda pas quelques secondes mais les deux hommes en seraient venus aux mains si le secrétaire n'avait finalement cédé le premier.

— Ce manuscrit est inutile ! déclara-t-il méchamment. Vous avez perdu votre temps. Je vais m'en débarrasser ! (Puis adoucissant sa voix, en complice :) Allons, *de vous à moi*, avouez que vous me suivez partout…

— Mais non ! Comment je…

— Avouez donc…, insista l'autre d'une voix plus pressante.

— Je vous assure vraiment que…

— Avouez ou je le mets au feu ! rugit-il soudain.

Un sourire exalté avait fendu son visage, encore accentué par la semi-pénombre de la pièce. Kovaliov tâchait de distinguer ce qui de la menace feinte ou de la fureur effective animait véritablement son *cher maître*.

— Admettez que ce serait une folie…

— Eh bien soit, je suis fou ! Avouez !

— … et que vous commettriez un autodafé !

— Et puis ? J'attends !

— … que ce serait comme… oui ! L'Inquisition !

— Oui, oui ! Je vous passe le mot ! Et que je vous mettrais à la question ? Soit ! Maintenant avouez !

Brifaut s'était brusquement approché de la cheminée et tendait le manuscrit au-dessus du foyer d'un geste d'impatience.

— Que je vous suis partout ?

— C'est cela. Comme mon ombre !

— Mais je ne vous suis pas ! Je ne sors pas d'ici, je vous l'ai dit…

— Allons, allons, confessez la farce et nous saurons nous montrer compréhensif…

— Je dors même ici !

— C'est vous, n'est-ce pas, que je croise partout sur mes pas ?

— Moi ? Mais vous êtes… !

— Allons, c'est vous !

— Non, je vous assure !

— Un seul mot et nous sommes quittes ! *Vous* ou je le jette au feu !

— Non ! Non !

Kovaliov leva sur Brifaut des yeux incrédules et effarés. Il ne pouvait encore révéler quelle sorte d'attachement le liait au livre. Il tordit sa bouche comme pour prononcer un mot puis se ravisa et secoua la tête en la prenant dans ses mains. Il tomba à genoux sur le sol.

— Ainsi donc, vous gardez le silence… Parfait !

Brifaut tendit son bras au-dessus de la flammèche puis d'un geste impérial lâcha la chose. Un cri strident se fit entendre. Brifaut se retourna avec surprise vers son secrétaire dont rien ne semblait avoir bouleversé la torpeur ni modifié le visage. D'où venait ce cri ? En dépit de la fureur qui l'animait, Brifaut admit pour lui-même que la douceur des traits de Kovaliov lui avait décidément échappé lors de leur première rencontre. Il émanait de cet individu, que dans son mépris naturel il avait pourtant voulu voir terne, gris et éteint, une grâce juvénile, un port altier et une modestie parfaitement honnête. Celui-ci leva enfin sur *son cher maître* des yeux que les larmes venaient d'embuer puis, marmonnant quelques paroles indistinctes et confuses, prit le parti de quitter la pièce en courant. L'inspecteur tourna alors ses regards vers le manuscrit qui commençait déjà à se consumer.

Ses yeux s'élargirent démesurément. Il étouffa même un cri. Les feuilles recroquevillées sous l'action des flammes, comme tordues de douleur, cédaient à toutes ses questions et se résignaient enfin à dévoiler leur secret. Les pages se multipliaient à vue d'œil. Des dizaines et des dizaines de feuilles s'étaient subitement mises à augmenter le livre. Cent ! Mille ! Hésitant à les retirer du feu, terrifié par ce qui lui apparaissait comme une nouvelle diablerie ourdie par son secrétaire, Brifaut plongea finalement une main folle dans les flammes que sa curiosité ignora, malgré la brûlure. Il souffla nerveusement sur le texte qui s'éparpilla sur le plancher en lambeaux noircis. Pauvre fou ! s'indigna-t-il contre lui-même. Comment expliquer le sortilège ? Par la débilité de sa vue peut-être ? Mais cela était tout bonnement impossible ! Il avait tant retourné le texte que celui-ci aurait dû lui apparaître aussi distinctement qu'à cette heure. Il voulut connaître l'explication et se précipita vers la porte du vestibule pour rattraper son secrétaire mais celui-ci avait déjà quitté les lieux. « Qu'il soit maudit ! » jura-t-il entre ses dents. Il jeta alors sur son propre espace un regard désarmé. Il se revit le jour de son investiture, prenant possession du ministère comme un vieux général devenu fonctionnaire, divisant le travail d'une main ferme, distribuant les scènes françaises à chacun de ses collaborateurs, ordonnant tout sans vraiment déléguer, attribuant les degrés de responsabilité comme les étages du département de l'Intérieur, aménageant tout dans le moindre détail, tout jusqu'à la disposition des meubles de son cabinet qui assoiraient, croyait-il, son autorité… Mais l'office était loin d'être un empire. Il n'était plus désormais que la preuve de son impuissance et les relents de papier calciné disaient assez l'ampleur de son échec. Tombant sur son siège, Brifaut broya son visage de détresse. Que lui arrivait-il ? D'où provenaient ces déficiences chaque jour plus nombreuses ?

Au bout de quelques minutes pourtant, il se résigna à examiner le manuscrit à moitié calciné. Aussitôt, son abattement fut remplacé par un profond saisissement dès qu'il comprit ce qu'il y lut : la deuxième liasse du manuscrit était devenue une collection de procès-verbaux de pièces inédites. Tout le monde du théâtre se trouvait là, pêle-mêle, accepté ou interdit par une main inconnue : Dumas, Hugo, Musset… Mais c'était une censure *avant l'heure*, de 1829 à 1830. Brifaut pouvait ainsi découvrir en amont non seulement ce qui se jouerait sur les principales scènes, mais ce qui ne s'y jouerait pas. En d'autres termes : ce que lui-même interdirait ! Cette découverte, avant le vertige qui devait bientôt s'ensuivre, l'amusa. Il se résolut même à effectuer une petite expérience. Après le camouflet qu'il venait de subir à la Comédie-Française, Brifaut était bien décidé à suspendre, malgré le désir que lui inspirait Mlle Geoffroy, les représentations de *Blanche d'Aquitaine*. Il s'empara de son écritoire et d'une plume puis gratta promptement un arrêté contre la pièce, applicable *sine die*. Il le relut puis compulsa le dossier des *Procès-verbaux de Charles Briffault* dans l'espoir d'y reconnaître son double. Si, comme il le croyait, le manuscrit contenait tout l'avenir de la censure dramatique française, alors le rapport de *Blanche d'Aquitaine* devait s'y trouver lui aussi. Il hurla soudain de joie : le frère jumeau du sien, à la lettre près, était rangé à sa place. Brifaut dut pourtant s'y reprendre à plusieurs fois pour s'en assurer. Pas de doute, un miraculeux *fac-similé* se tenait là sous ses yeux. La trouvaille le mit tout d'abord dans un état d'euphorie qui, si la scène se fût déroulée de jour, aurait alerté tous ses collaborateurs. Mais Brifaut était pour l'heure l'unique résidant des lieux et ses rires n'étaient entendus que de lui seul. Aussi donna-t-il libre cours à son ivresse. Il lut avec avidité ce que lui-même aurait bientôt à écrire. Il songea même que si l'examen des pièces se passait de lui — tout n'était-il pas déjà consigné noir sur blanc ? — il pourrait rester davantage à Brunoy… Pourtant, une question nouvelle coupa net son allégresse : qui était donc le véritable auteur de ces rapports ? Par quelle magie quelqu'un s'ingéniait-il à lire dans ses pensées ? Était-ce là une nouvelle diablerie de Kovaliov (car malgré l'amitié fugace qu'ils avaient scellée un jour, il ne doutait pas de la malfaisance de son commis) ? Il fut parcouru de frissons et tourna machinalement les yeux vers le feu misérable qui se consumait dans l'âtre. Ce qui le troublait profondément désormais, c'était de prendre conscience que si quelqu'un anticipait chacun de ses rapports, non seulement il n'en était plus tout à fait libre mais cela amoindrissait considérablement l'étendue de son pouvoir. À quoi servait-il donc s'il n'était plus maître de la censure ? L'avait-on placé là pour faire office de fantoche ? Et à la solde de qui ? Quelles que fussent les raisons secrètes, quel que fût le complot qu'il supputait, cela ne résolvait pas le sortilège : qui donc pouvait prédire ses propres pensées ou même prévoir l'ensemble du répertoire français jusqu'en 1830 ? Et pourquoi cette date ? Brifaut sentit sa tête tourner. Il referma alors le manuscrit et le rangea une nouvelle fois dans son tiroir tout en en conservant la clef. Kovaliov ne devait surtout pas en avoir connaissance. Cette idée seule le fit sourire et le ragaillardit un peu : il conservait donc encore un temps d'avance sur son secrétaire. À moins qu'il n'en fût aussi l'auteur ? Cela changeait tout ! Kovaliov était donc le diable en personne ! Non, non, impossible, personne ne pouvait tout prévoir…

Alors Brifaut décréta qu'il déciderait seul à l'avenir, sans faire usage d'un expédient dont il entrevoyait déjà les dangers.

Dès le lendemain, Hippolyte Bis reçut l'ordre d'arrêter les représentations. Sidéré, le dramaturge comprit que le théâtre était condamné à tronquer l'Histoire et à en imposer une autre à la place, officielle et légitime. Hugues Capet n'était jamais devenu roi. Charles X l'avait dit.

Les jours passèrent.

Et la tentation de consulter les oracles renfermés dans ce manuscrit à moitié consumé était grande. Une partie des procès-verbaux avait disparu dans les flammes, tandis que l'autre était aux aguets, attendant patiemment une échappée, une brèche dans la constance de Brifaut. De temps à autre, il tapotait sa poche pour s'assurer de la présence de la clef. Il y plongeait aussi sa main pour faire rouler comme des osselets ses petits cailloux rénaux. Enfin, pour conjurer la faiblesse de sa volonté, il conservait dans une autre poche un petit carnet sur lequel il notait des vers ou des réflexions. Cette sagesse nouvelle lui donnait du courage, celui de ne pas fléchir. Il n'était plus dramaturge. Eh bien soit ! Il serait poète et moraliste ! Il inspira une bouffée d'air frais que le mois de mars déposait délicatement, disait-il, *à l'autel de ses pensées*, et se mit à écrire d'un trait. La lumière, encore rehaussée par les tentures jaunes des fenêtres, ensoleillait la pièce.

On peut être obéissant sans être esclave.

C'était la maxime du jour; celle qu'il consignait au moment même où Mlle Geoffroy pénétra de façon tapageuse dans le cabinet. Brifaut sursauta. Que venait-elle faire ici? Elle était accompagnée d'un jeune homme. À ses façons, on aurait pu croire qu'elle n'avait quitté Brifaut que la veille. Elle n'avait pas attendu par exemple que le secrétaire l'annonçât et était entrée sans y être invitée, bâclant sa révérence, allant jusqu'à s'engager d'une voix forte et assurée : « Charles me connaît bien, n'est-ce pas? Nous étions ensemble à Brunoy le mois dernier! » Brifaut s'était levé, droit comme un I, subjugué par la beauté de la comédienne. Elle portait ce jour-là un chapeau rouge vif, orné de plumes et de rubans, d'une taille gigantesque, presque anachronique. Aucun mot n'était encore sorti de sa bouche. Kovaliov, qui la suivait à petits pas, semblant ne pas la connaître — mais pouvait-on encore le croire, ce fourbe, avec ses airs mielleux? —, faisait en direction de son maître quelques mimiques d'excuse et de contrition. Brifaut l'expédia dans son vestibule d'une main altière et leste, immobile et magistral comme sur une toile académique. Le bachelier talonna la dame avec réticence, puis resta debout, un peu en retrait, dans l'ombre de la comédienne qui avait déjà pris ses aises et s'était installée dans un fauteuil, en familière des lieux qu'elle n'était pourtant pas. L'inspecteur scruta du coin de l'œil celui qu'il prenait déjà pour un rival. Le garçon ne devait pas excéder les vingt ans et portait une large moustache qui lui mangeait à moitié le visage. Sa rondeur juvénile contrastait pourtant avec des yeux sombres et tristes. À ses mines pathétiques, Brifaut estima que le bachelier était inoffensif et n'avait rien d'un concurrent. Il s'était déjà fourvoyé sans doute au sujet de Kovaliov. Il ne comptait pas renouveler l'erreur. Aussi, rassuré et soudain soucieux des règles de civilité, se précipita-t-il pour lui approcher un siège.

S'il l'avait reconnu pourtant, l'inspecteur ne l'aurait certainement pas accueilli avec autant d'ardeur. Gérard de Nerval ne signait pas encore sous ce nom mais connaissait bien l'académicien. Sous le pseudonyme Cadet Roussel, il avait composé deux pamphlets contre celui que l'on avait, à son grand dam, osé préférer à Lamartine. L'« homme de génie » — Gérard désignait Brifaut par antiphrase — était accusé de n'avoir composé que des strophes « sans goût, sans saveur [et] sans sel ». À cette époque-là, tout Paris avait su que Brifaut n'avait refusé de briguer la place vacante de M. de Préameneu au profit du duc de Montmorency que pour s'attirer les bonnes grâces du roi et espérer que l'on *cabale* pour lui le moment venu. Ce fut chose faite. Peu de temps après, à la mort du marquis d'Aguesseau, ses amis *complotèrent* son élection à l'Académie. Mais soudain pris de remords pour avoir enlevé au duc de Bordeaux un fauteuil qui d'après les us académiques lui incombait de droit, il voulut se rendre et rétrocéder son siège. Cependant, Mme de Vintimille, qui était son amie et un peu son oracle aussi, le sermonna et lui interdit de reculer. Brifaut prétendit alors obéir de mauvaise grâce, contraint d'accepter finalement le siège n° 11 à l'Académie française. La presse ne lui pardonna pas cette intrigue. *Le Globe* railla les phrases entortillées de son discours d'investiture et, par une note incidente, *Le Figaro* ironisa sur sa nouvelle livrée d'immortel renvoyée au tailleur parce que aussi mal coupée que ses vers et aussi décousue que sa prose. Gérard de Nerval n'en crut pas un mot non plus. Ses opuscules avaient couru alors dans tous les salons, l'introduisant avec fracas dans le monde littéraire, et jamais Brifaut, pourtant meurtri par l'attaque, n'avait eu l'occasion avant ce jour de rencontrer en face l'auteur de ces vers outrageux.

Ce matin-là, Mlle Geoffroy avait convaincu Gérard de taire son identité et de la laisser plaider elle-même sa cause afin que sa traduction nouvelle du *Faust* de Goethe fût autorisée. Pleinement consciente du charme qu'elle exerçait sur l'inspecteur, ayant reçu toutes les lettres et tous les hommages de *son serviteur*, elle voulait s'assurer en personne que le texte qu'elle tenait pour un chef-d'œuvre obtiendrait de la part du censeur tous les gages d'impartialité ou tout du moins d'indulgence. Brifaut se souvenait bien de la pièce, découverte par hasard dans l'antichambre de Wagner, et de l'impression très forte qu'avaient causée sur lui les illustrations du peintre, mais il redoutait qu'une œuvre si baroque, mêlant Dieu à la sorcellerie, pût être un jour représentée en France. La belle avocate, qui sentit aussitôt les préventions de son censeur, s'était lancée dans une plaidoirie vigoureuse et caressante, s'adressant tout à la fois à l'esprit et au cœur de Brifaut.

— Je sais toutes vos réticences…, reconnut-elle. Eh bien soit : ne cherchez dans ce drame ni l'harmonie des classiques, ni le bon goût, ni la mesure. C'est tout autre chose. Une chose inouïe, inédite, absolument originale. Le *Faust* de Goethe, et partant (elle se tourna gracieusement vers Nerval) celui de *notre jeune ami*, est tout droit sorti du chaos. C'est pourquoi je vous supplie, ajouta-t-elle debout, pressant affectueusement les deux mains de Brifaut, je vous supplie, *très cher Charles*, de le juger avec des yeux neufs.

Si Brifaut avait su que Mlle Geoffroy allait plagier sans vergogne le *De l'Allemagne* de Mme de Staël, la grande fossoyeuse de l'alexandrin, sans doute le charme se serait-il émoussé. Mais son éloge frappait si juste, l'objet de ses louanges était si nouveau et son *Charles*, tandis qu'il s'épanouissait sur ses lèvres, semblait si prometteur, que l'académicien voulut se convaincre que le discours était d'elle et la pièce absolument digne d'intérêt. Il y avait, poursuivait-elle, dans les mots de Méphistophélès une ironie infernale qui jugeait l'univers comme un mauvais livre dont le diable se serait fait, pardonnez la hardiesse du mot mais je suis certaine que vous me le pardonnerez, dont le diable se serait fait, disais-je, le *censeur*. Il était réel et fantastique à la fois. Méphistophélès était le méchant par excellence ! Mais on devait lui permettre de vivre, implorait-elle, car dans la fin de Faust, dans ce pacte qu'il scellait avec le diable, dans sa damnation éternelle, la moralité rachetait l'inconvenance... Faust cherchait certes à s'élever à la hauteur d'un dieu en désirant ardemment tout savoir et tout pouvoir... La science et l'immortalité ! Que pouvait-on ambitionner de plus haut ? Mais il restait malgré tout un homme, un homme avec ses faiblesses, ses désirs et son cœur, oui, son cœur, et c'était là sa grandeur. Et puis… et puis… il y avait Marguerite… qui surpassait toutes les amantes vulgaires de don Juan…

Brifaut comprit soudain l'objet de sa visite et la raison du plaidoyer : on — c'est-à-dire Gérard ou peut-être l'administrateur royal — lui avait déjà réservé le rôle. Et étrangement, alors que les manœuvres de la dame l'agaçaient et que, derrière sa défense désintéressée de la littérature, son discours semblait calculé et presque intrigant, malgré ces pratiques mercenaires ou plutôt *à cause* d'elles, il la trouva plus désirable encore. Son entreprise égoïste la déliait en effet de son jeune bachelier et celle-ci restait, du moins dans ses rêves, possiblement à lui. Il ne songea plus à la pièce, et s'il retardait son autorisation, acquise pourtant depuis quelques instants déjà, c'était pour le seul plaisir de l'écouter parler, solliciter, espérer, et de sentir qu'elle était un peu son obligée.

Sûre de son charme, Mlle Geoffroy enfla son discours d'une voix enjôleuse. Son visage de porcelaine et ses yeux transparents s'animaient en parlant, mais artificiellement, et presque par magie. Et comme le Nathanaël d'Hoffmann, Brifaut fut envoûté par cette nouvelle Olympia, hésitant à la croire réelle ou à voir en elle un automate créé par quelque physicien. Il la revit entre les bras de Kovaliov comme un jouet mécanique, plié sous ses baisers, se contorsionnant, et songea qu'elle était une de ces figures mystérieuses, insaisissables, posées là au milieu du monde, que les hommes convoitaient comme les enfants ces jolies poupées de vitrine. Mais Mlle Geoffroy, qui ne se doutait pas que ses ambitions venaient d'être démasquées, s'ingéniait à incarner Marguerite : elle déclama quelques vers, joua son personnage, et voulut prouver qu'elle tenait parfaitement le rôle. La malheureuse enfant, disait-elle encore, brillait d'une innocence si douce et si éclatante que jamais l'enfer ne saurait l'égarer… Et puis elle était une femme amoureuse, et non une héroïne, une femme, ajoutait-elle en plongeant ses regards dans ceux de Brifaut, une femme comme il en existe beaucoup… Tandis que l'académicien cherchait à déceler dans la moindre de ses paroles une promesse, le jeune novice lançait vers le ciel des airs désespérés. Gérard s'impatientait. *Faust* était à ses yeux bien autre chose que la romance qu'en retirait sa bienfaitrice.

— Alors, c'est entendu, *mon très cher Charles*, vous nous autoriserez, n'est-ce pas ? Un *oui* de votre part, et nous partirions contents.

— Sans doute, sans doute, acquiesça Brifaut d'un air d'importance. Laissez-moi quelques jours afin que je l'examine, et je vous retournerai très rapidement ma réponse…

Le jeune homme se leva alors subitement, s'approcha de l'inspecteur et lui tendit une main ferme et rugueuse avant de tourner les talons et de fermer brutalement la porte derrière lui.

— Mon Dieu, l'excusa-t-elle maternellement, que la jeunesse est vive… Comme elle est impatiente… Ne faites pas attention à lui ! Jugez-le après lecture. Allons, *de vous à moi*, nous pourrons donc compter sur votre permission ? Ce garçon est un génie…

— Je constate, madame, que vous avez choisi le *très*

vert… et que cette fois, ce n'est pas moi, lança Brifaut, jaloux de l'attribution élogieuse, en faisant allusion à la mauvaise plaisanterie de Wagner.

— Mais que me dites-vous là ? Voyons, mon bon Charles, Gérard est encore un enfant… Et puis, ajouta-t-elle avec malice, quitter les lieux sans mot dire arrive aux meilleurs esprits…

Brifaut baissa honteusement les yeux. Sa sortie désastreuse du bal ministériel avait marqué son amour-propre au fer rouge.

— Alors c'est dit ? insista-t-elle d'une voix pressante, vous nous autoriserez ?

— Permettez-moi d'abord de vous revoir…

Brifaut attrapa sa main et la porta à ses lèvres. Mais Mlle Geoffroy la retira aussitôt d'un air amusé.

— Autorisez et nous verrons ! (Puis, tandis qu'elle enfilait ses gants, elle ajouta d'une voix cajoleuse :) C'est oui, n'est-ce pas ? Je le savais ! Vous êtes un ange ! Allons adieu !

Elle prit la tête de son *Charles* entre ses mains, lui posa un baiser protecteur sur le front puis se retourna. Et Brifaut la revit brusquement de dos, comme au premier jour, le superbe chapeau occupant toute la largeur de la porte, et elle disparut aussitôt. L'inspecteur posa sur tout son petit univers des yeux attendris, car le passage de la dame blanche avait subitement donné au lieu une certaine légèreté, une connivence bienveillante qui suspendaient le protocole de sa fonction et éclipsaient les événements fâcheux des derniers jours. La pièce était encore remplie d'elle, de sa voix, de ses lèvres, de son chapeau formidable, et même, découvrit-il soudain en posant sur lui ses regards, du manuscrit de *Faust* qu'elle avait négligemment abandonné sur le bureau. Il le prit dans ses mains et le porta jusqu'à ses narines comme pour s'imprégner de son parfum, puis recomposa son visage à partir du papier dont l'odeur douce rappelait celle de l'herbe coupée. L'inspiration lui vint et il arrangea mentalement quelques alexandrins. Depuis sa rencontre avec la comédienne et maintenant que sa carrière dramatique était compromise, Brifaut redevenait le poète qu'il était autrefois. Il s'était lancé dans une *Rosamonde* (c'était le nom de l'amour tel que son imagination l'avait conçu) qui lui donnait beaucoup de satisfaction. Les senteurs vives du papier ainsi que l'entrevue inattendue avec Mlle Geoffroy lui insufflèrent quelques vers bien sentis qu'il coucha amoureusement sur le papier et qu'il lut d'un air pénétré :

Le printemps ne marchait que d'un air attristé ;
Nous l'avons aujourd'hui remis en liberté.

Amour, amour, ton séduisant mensonge
Est un besoin pour ces cœurs malheureux
Et l'on voudrait recommencer le songe
Dût le réveil être encor plus affreux !

Brifaut sourit d'aise. Le comte de Nicolaï n'avait-il pas vu en lui le nouveau Voiture ? Il tourna la tête vers le ciel et entendit encore les mots de Mlle Geoffroy : *Autorisez et nous verrons.* Quelle promesse ! Elle lui appartiendrait bientôt et deviendrait aussi sa muse. D'ailleurs, se dit-il en tournant quelques pages de son petit carnet, ne l'était-elle pas déjà ? Alors il porta sur le manuscrit une attention amusée : *Faust*. Il l'ouvrit au hasard — Marguerite, Méphistophélès, fallait-il que ce soit le diable qui les réunît tous deux ? — et tomba sur ces mots :

> *Si le prêtre est un comédien, comme il peut bien arriver de notre temps !*

Encore une pièce qui souffletait la loi sur le sacrilège ! En d'autres circonstances, il aurait immédiatement rédigé un rapport dans lequel il aurait appelé *à regarder la pièce comme inadmissible*, mais, parce qu'elle venait de Mlle Geoffroy et qu'il y gagnait une maîtresse, il sourit du blasphème et minimisa les conséquences. À chaque écart de langue ou de moralité, il la trouvait plus délicieuse encore. Impatient de lui porter la bonne nouvelle, il rédigea le procès-verbal dans la foulée et le conserva quelque temps à l'office pour feindre le détachement. Si Brifaut connaissait bien son manuel du courtisan, il maîtrisait aussi celui du galant. Or, savait-il pour l'avoir cent fois expérimenté, rien n'est moins désirable qu'un soupirant trop pressant. Il usait d'ailleurs de la même manœuvre au travail qu'en amour, celle de la lenteur, qui assure aux uns le pouvoir et aux autres la dépendance et la sujétion. La patience, croyait-il, la mettrait à sa merci.

Quelques semaines plus tard, il retourna chez l'auteur de la traduction la réponse encourageante de la Commission d'examen et chez la comédienne un billet moins officiel et plus complimenteur.

Le *merci* qu'il reçut, d'une écriture sèche et hâtive, et le silence qui s'ensuivit furent vécus comme un camouflet.

Était-ce tout ?

Un immense abattement à la hauteur de l'espoir qu'il avait mis dans son billet le rendit à nouveau méconnaissable. Brifaut erra un moment dans les couloirs du ministère, hâve, la face livide, l'œil hagard, attendant on ne sait quoi. Il s'enfermait parfois des heures dans son bureau, en interdisant à quiconque l'accès. Debout, la face posée contre la fenêtre de son cabinet, ses pensées revenaient sans cesse au flocon de neige minuscule qui avait un jour de décembre cristallisé son amour. Les femmes ne seraient-elles donc jamais que des intrigantes ? Quand saurait-il enfin maîtriser le cours des événements ? Il songea à la fragilité et à la brièveté de ses espérances. Quoi ? En quelques mois, qu'était-il devenu ? Les restes du triomphe de *Ninus II* s'effritaient. La gloire passée devenait même avec le temps de plus en plus suspecte. Ses amis, ceux-là mêmes qui l'avaient le plus activement soutenu, déchantaient, résiliant leur enthousiasme, allant jusqu'à exiger des comptes : l'homme n'avait-il choisi la voie dramatique que pour s'assurer les bonnes grâces du roi ? Était-il cet aventurier que la presse libérale dépeignait ? L'Académie française n'ouvrirait-elle toujours ses portes qu'aux plus vils et aux plus courtisans ? Il n'était plus aujourd'hui dramaturge, il était fonctionnaire. Mais la chose était plus grave encore : il avait pris le parti de l'infamie en devenant censeur. Et le collège des plus grands écrivains, le monde du théâtre, celui des critiques reconnus, l'avaient *de facto* mis au ban de la littérature. Comme il était proche, pourtant, le temps où chacun, sur son passage, précipitait son salut dans l'espoir d'être salué en retour… Brifaut découvrait un peu tard que le succès venait non pas tant de la chose elle-même que de la manière dont on le cultivait. Le jeune écrivain prometteur qu'il était avait gâché toutes ses chances en abandonnant sa carrière d'écrivain pour celle de courtisan. Et son succès passé était pour cette seule raison rétrospectivement minoré. Le crédit offert à un homme si décevant entachait celui qui le lui avait concédé, aussi le minimisait-on pour sauvegarder la face. Mlle Geoffroy savait-elle tout cela ? L'image de Kovaliov lui apparut avec netteté. Il se mit à le haïr tout à fait. Était-ce même pour toutes ces raisons qu'elle le traitait ainsi ? Brifaut se refusa à y croire : lui qui avait autrefois constaté que, selon une loi aussi rigoureuse qu'implacable, les courtisans n'attiraient jamais autour d'eux que des courtisans, se refusait à appliquer la même formule à l'amour. Elle lui céderait un jour.

Un matin pourtant, Brifaut pénétra dans son bureau avec la ferme intention d'user de son pouvoir de nuisance, qui était infini. Il prit le premier procès-verbal de *Faust* qu'il fit brûler à la chandelle. Puis, tandis qu'il allait chercher sa plume et du papier, il se mit à parler à haute voix, haranguant une foule invisible. Celle-là croyait-elle donc, avec ses airs de chattemite, que tout était permis ? Non, non ! Il avait ses entrées partout. Il déciderait, entendait-elle, il déciderait que ce *Faust* avec ses sabbats, ses sorcelleries, ses diableries, ce *Faust-là,* oui, serait interdit. Non, non ! Les hommes ne se réduiraient pas toujours à n'être que l'instrument de leurs manœuvres et de leur volonté. Toutes les femmes après tout n'étaient que des coquettes et des intrigantes, voilà la vérité ! Et si sa latitude se réduisait à un mot — la négation, le nul, le *non* —, alors il en userait sans état d'âme, il interdirait !

Aussi, après avoir rapidement résumé la pièce, exécuta-t-il son rapport proprement dit :

> *Cet ouvrage est, sinon une traduction, du moins une imitation de la pièce de Goethe. Nous pensons que les situations outrées, les sentiments hors et contre-nature, en un mot les hardiesses qu'il renferme ne peuvent se produire sur une scène essentiellement littéraire, devant un public d'élite. Des tableaux odieux, des scènes contraires à l'ordre et à la morale, des attaques contre la religion y abondent. Est-il possible de traîner la chose religieuse sur le théâtre pour la détourner de sa vocation et livrer la fantaisie de l'imagination du poète à la juste exécration du parterre ? Nous ne l'avons jamais pensé. Nous le pensons moins que jamais...*

Kovaliov entra dans le bureau sans que son maître, perdu dans ses pensées, l'aperçût. Il s'avança vers lui et par-dessus son épaule posa ses regards sur le rapport fraîchement rédigé :

— Vous vous êtes donc enfin résolu à l'interdire, *très cher maître* ?

Au son de la voix de son secrétaire, Brifaut se retourna. Ses yeux farouches et brûlants, mais qui le traversaient sans le voir vraiment, montraient assez qu'il ne se maîtrisait plus tout à fait. Kovaliov poursuivit :

— On ne saurait en effet autoriser… une œuvre aussi… une œuvre dont le héros serait le diable, c'est tout à fait impossible… extravagant, pour ainsi dire ! Vous avez bien fait…

— Oui, oui, murmura Brifaut absent, bien fait… sans doute, sans doute.

Une telle incompréhension tenaillait son esprit qu'il finissait par ne plus vouloir y prêter attention. N'était-elle pas dans ses bras quelques semaines auparavant ? Pourquoi son amant voulait-il aujourd'hui freiner ses ambitions ? L'avait-elle finalement congédié ?

Le procès-verbal fut envoyé à l'auteur et au Théâtre-Français. Alors Brifaut connut une de ces heures difficiles, celles de l'attente, de l'impatience puis du trépignement, avant celles de la résignation qui offrent, malgré l'abattement, l'avantage d'être fixé. Personne n'accusa réception. Lorsqu'il comprit que son rapport n'éveillait rien, ni réponse ni aucun sursaut d'amour-propre, mais seulement cette indifférence réservée à ceux qu'on méprise, il rentra dans une rage contre lui-même que ni le devoir ni même la vengeance ne parvinrent à soulager. Il avait espéré que sa décision rencontrerait une réaction, il découvrait qu'il avait tout perdu : la satisfaction que devaient lui offrir les effets de sa punition et Mlle Geoffroy. Ses yeux froids, qu'une longue pratique de la censure finissait par dépassionner, se fixèrent sur son bureau puis ses tiroirs. Cette vision le réveilla. Il songea soudain au manuscrit puis se demanda ce que celui-ci pouvait bien dire du *Faust* de Gérard. Il le parcourut, les yeux collés au texte. Les lettres calligraphiées restaient, à cause de sa vue basse, très floues. Ce qu'il y vit pourtant le glaça :

Cet ouvrage est, sinon une traduction, du moins une imitation de la pièce de Goethe. Nous pensons que les situations outrées, les sentiments hors et contre-nature, en un mot les hardiesses qu'il renferme ne peuvent se produire sur une scène essentiellement littéraire, devant un public d'élite. Des tableaux odieux, des scènes contraires à l'ordre et à la morale, des attaques contre la religion y abondent. Est-il possible de traîner la chose religieuse sur le théâtre pour la détourner de sa vocation et livrer la fantaisie de l'imagination du poète à la juste exécration du parterre ? Nous ne l'avons jamais pensé. Nous le pensons moins que jamais…

À la virgule près, c'étaient ses mots. Le prodige le terrifia : si l'on pouvait aisément deviner ce qui animait un censeur, personne ne pouvait avoir anticipé son récent revirement. Qui savait, en dehors de lui-même, qu'il avait d'abord imaginé autoriser *Faust* avant de se raviser ? En dehors de l'esprit passionné qui l'avait fomenté, personne ne l'avait su, personne ne *pouvait* le savoir. Il regretta d'avoir brûlé le premier rapport, d'avoir éliminé tout indice, et se demanda si, avant le retournement, les *Procès-verbaux* en auraient gardé la trace. Il se sentait traqué, démasqué, presque cerné, un siège qu'il avait déjà vécu, enfant, lorsque le logis de son père était ouvert à tous les vents comme aux maraudeurs. Mais un esprit, c'était bien autre chose qu'un foyer ; c'était l'intimité même, le soi privé, le point aveugle et infranchissable. Qui donc pouvait l'avoir inspecté avant sa propre conscience ? Il observa le manuscrit indistinct et flou avec l'obscure et terrifiante sensation de considérer sa propre intelligence, une intelligence extérieure à lui, indépendante, mue par son libre arbitre propre, une vie autonome qu'il ne maîtrisait pas et qui, par sa seule existence, le privait de toute autorité. Il scrutait ce livre comme un duplicata de lui-même se nourrissant de sa pensée, un double qui, comme un insecte, aspirait son âme de sa trompe terrifiante et infâme. Regrettait-il son interdiction de *Faust* ? Non, cent fois non ! C'était la seule décision possible, la seule juste, légitime, celle dont l'aveuglement de la passion l'avait un temps détourné, mais que dessillé il voyait désormais dans toute sa lumière. Il avait, malgré les apparences, été un arbitre impartial. Plus rien dorénavant ne le divertirait de sa tâche, pas un ami et encore moins une femme.

Cette décision lui fit prendre une nouvelle résolution, celle de corriger sa vision. Il consulta donc un élève de Joseph Forlenze, chirurgien-oculiste célèbre pour avoir rendu la vue, entre autres par l'opération de la cataracte, à Jean Étienne Marie Portalis et à Lebrun Pindare.

L'événement raffermit un peu la netteté de ses décisions qui tombèrent les unes après les autres comme un couperet. Les manuscrits montaient sur son bureau comme sur l'échafaud et Brifaut tendait à son secrétaire enthousiaste les textes décapités en les commentant d'une phrase : *dura lex, sed lex.*

C'est au moment même où Brifaut s'employait à réprimer avec plus de vigueur le répertoire français que le gouvernement décida soudain de relâcher son système. L'expédition de Grèce avait, disait-on, réveillé toutes les tentations d'indépendance, et les pièces de circonstance sur la patrie d'Homère jusqu'à ce jour interdites furent rendues à leur théâtre. La délivrance était dans l'air. Les censeurs autorisaient désormais ce qu'ils avaient défendu. Et la liberté du peuple s'incarna dans l'étrange figure du pêcheur napolitain Masaniello. L'opéra et l'opéra-comique en firent même leur héros. L'excès d'impôts était pourtant la cause d'une émeute qui se jouait sur la scène, mais tous les sujets révolutionnaires étaient soudainement autorisés. Il fallait bien, dans un esprit de tolérance, flatter le peuple tant que cela ne prêtait pas à conséquence, même si certains tableaux étaient empruntés *aux mauvais jours de la Révolution*, comme les nommait Brifaut. Seul Napoléon restait absolument proscrit. Ainsi, le mélodrame *Le Général* initialement prévu au théâtre du Cirque fut ajourné. On ne pouvait en effet tolérer que la pièce dont le protagoniste n'était autre que l'Empereur lui-même fût représentée. Ailleurs, on ressortait des cartons toutes les œuvres autrefois interdites : Jouy, Duval, Halévy. Tous les auteurs libéraux refaisaient surface. On consentait même à la démonstration des vices de l'Ancien Régime. Et Brifaut constatait avec consternation que les *Procès-verbaux* confirmaient tous les siens. Lui qui n'autorisait que sous la contrainte comparait les rapports : or la même copie, identique, monotone, comme un fac-similé désespérant de ses propres arrêtés, venait corroborer ses dires. Il aurait espéré être démenti, contredit, amendé. Mais les *Procès-verbaux*, toujours, lui disaient qu'il avait raison.

Lorsque, enfin, le gouvernement accepta que le célèbre empoisonneur Desrues fût montré au public déguisé en prêtre, Brifaut et Kovaliov s'insurgèrent :

— Comment? Qu'est-ce? Alors il serait admis comme naturel et même de bon ton que tout criminel, tout forçat, tout falsificateur fût obligatoirement un homme religieux, pour ne pas dire un ecclésiastique?

Suivi comme son ombre par son secrétaire, Brifaut gagna le bureau de Wagner, qu'il ouvrit avec fureur, et obtint qu'à tout le moins la place de Grève ne fût jamais représentée un jour d'exécution, qu'on simplifiât autant que possible la scène du cimetière dans *Hamlet*, et que jamais un suicide ne fût autorisé sur scène. On discuta même de Shylock, repris dans une adaptation française. Le drame avait le tort de faire revivre des siècles d'oppression à l'encontre des juifs, toutes leurs luttes contre les chrétiens ainsi que leurs humiliations. Mieux valait gommer son origine et en faire un simple marchand. Wagner repoussa la proposition qui menait le gouvernement trop loin. Brifaut devrait donc attendre le conseiller général Fould et le Second Empire pour que la figure du juif fût interdite sur scène.

Fort heureusement, Brifaut trouva dans la presse un certain réconfort. Elle-même s'étonna de cette indulgence soudaine et demanda des comptes au ministre. Comment M. Halévy pouvait-il par exemple écrire dans son *Czar Démétrius* un vers si suspect ?

Je vais verser du sang ; je commence à régner.

Et Brifaut, écartelé entre ses obligations et ses convictions, s'étranglait dès qu'on lui en faisait grief. Vidocq montait sur scène. Le ministère ne sourcillait pas. Qu'y pouvait-il ? Sa marge de manœuvre devenait jour après jour de plus en plus réduite. La politique ou la religion pouvaient être attaquées sans que personne ne s'en émût. Il en était le premier horrifié mais il n'y pouvait rien.

Il s'en prit alors à la nouvelle école. Il avait encore en mémoire l'outrage de Hugo et, bien que pour des raisons absolument étrangères au romantisme, la traduction de Gérard de Nerval avait été interdite. En tant que censeur, il ne pouvait pourtant pas juger une pièce du point de vue du style ou du bon goût. Cela n'entrait pas dans ses prérogatives. Ces questions-là devaient être réservées à la critique littéraire, ce qui ne l'empêchait pas d'exécrer les tableaux dangereux de ces drames modernes et de tâcher par tous les moyens d'en réduire l'audience.

Lorsqu'il reçut le dernier manuscrit de Hugo, il le lut d'un trait. *Hernani*. Quelle extravagance ! Quelle médiocrité et quelle grossièreté ! Pouvait-on tolérer de voir un roi se réfugier dans une armoire ? Était-il acceptable que ce même roi pût trivialement demander : « Quelle heure est-il ? » Devait-on accepter que trois des personnages principaux se donnassent la mort ? Non ! Non ! Ces manquements à la plus élémentaire des bienséances étaient décidément insupportables ! Il reconnut pourtant les vers qu'il avait renvoyés à leur auteur et les trouva beaux. Pour le reste, le drame ferait long feu. C'était bien simple : il l'interdirait.

Et la carrière dramatique de Hugo serait tuée dans l'œuf. Mais la tentation était grande de savoir ce que pouvaient bien en dire les *Procès-verbaux*. D'ailleurs, il ne se passait plus un jour sans qu'il les consultât bien qu'il vécût chaque fois cet examen comme une sujétion nouvelle, une dépendance, un joug qui ne lui laissait plus de répit. Dans les premiers temps pourtant, il les avait feuilletés par goût, mais les jours passant, la consultation s'était faite chaque fois plus pressante.

Il ouvrit donc une fois encore le tiroir et en sortit délicatement le manuscrit qui, à force d'usage, se démembrait par liasses. Il en tourna fébrilement les pages en les tenant de l'autre main par le dessous, comme une relique, réprimant autant qu'il le pouvait la moiteur de ses doigts. Qu'espérait-il donc y découvrir en dehors de ce que lui-même serait censé concevoir ? Il restait convaincu de ce que l'autre avait sa conscience propre, étrangère à la sienne, une conscience effrayante et rassurante à la fois, une conscience presque paternelle et qui lui servirait toujours de guide.

Arrivé à la date en question, la feuille manquait. Rien ! Cette absence le déçut profondément.

— Où donc est-elle passée ? L'aurais-je moi-même brûlée ?

La disparition l'inquiéta beaucoup. Depuis quelque temps, la présence de ce double de lui-même, malgré l'influence néfaste qu'il exerçait sur lui, le confortait dans ses choix. Et ce qui lui était au début apparu comme une entorse à sa liberté de censeur avait été relégué dans un coin retiré de son cerveau et était surtout devenu une béquille lorsque le doute l'assaillait. Sans l'assentiment du manuscrit, il se sentait orphelin. Il tourna encore quelques pages puis revint en arrière. Toujours rien !

Qu'allait-il donc faire d'*Hernani* ?

Un mardi matin, Brifaut entra avec aplomb dans son bureau et rédigea d'un trait le rapport :

Indépendamment du nom de l'auteur généralement connu, la pièce ne nous paraît pas de nature à être autorisée. Des tableaux odieux, des scènes contraires à l'ordre et à la morale, des attaques contre la royauté y abondent. C'est en vain que l'auteur du drame a déplacé la cour du roi en Espagne. D'après le langage qu'il tient et dans le milieu où il est placé, en un mot d'après tous les éléments qui composent l'ensemble de ce rôle, le public, ne fût-il pas prévenu, verrait toujours dans ce monarque espagnol un roi français. Pour ces motifs, nous ne pouvons proposer l'autorisation.

Brifaut cette fois se rendit chez ses confrères pour obtenir d'eux une approbation. Tous applaudirent au procès-verbal qui disait tout haut ce que chacun penserait certainement tout bas. Le rapport redescendit chez Wagner qui l'approuva lui aussi, puis remonta jusque chez le ministre. On fit dire à Brifaut que son travail était admirable et que conformément à ses souhaits *Hernani* serait interdit.

Mme de Grollieu avait comme chaque année lancé ses invitations pour les rois et Brifaut se réjouissait d'avance de trouver là quelques oreilles amicales.

Lorsque sa voiture fit son entrée dans la cour gravillonnée de la *ferme*, Brifaut fut accueilli par la petite Léonore autrefois croisée dans le salon de Mme de La Briche et qui était sortie en courant, et sans manteau. Une gouvernante la poursuivait en criant, craignant pour l'enfant de fortes fièvres et pour elle-même un licenciement certain. Un vent hivernal s'engouffrait entre les platanes de l'allée et redoublait la sensation de froidure.

— Monsieur le Chien ! Monsieur le Chien ! Venez ! Venez vite !

Julien, tandis qu'il aidait son maître à descendre, se tourna vers l'enfant d'un air sévère :

— Savez-vous, mademoiselle, qu'il est fort impoli de donner aux gens de tels sobriquets ?

— Mais, mais…, s'écria la fillette en se tournant vers

Brifaut, les yeux embués de larmes, ne m'avez-vous pas dit vous-même que vous étiez de la même famille ?

— Mademoiselle n'est pas sage ! Elle me fera mourir ! cria la gouvernante essoufflée.

— Si fait, sourit mélancoliquement l'académicien en accompagnant la fillette jusqu'au perron, mais c'était une légende, mon enfant ! Mon vrai nom est *Briffault*.

— Oh oui ! je m'en souviens maintenant ! *Brifaut*, comme le chien de chasse de M. de La Fontaine ! Alors monsieur Brifaut, venez vite, mon cousin est au piano et c'est un véritable génie !

Brifaut entra dans le salon dans un silence recueilli, suivit la ruelle et prit place au bout du dernier rang sur un pliant qu'un laquais lui tendit. Les accords qui provenaient du clavier et qu'il ne voyait pas encore émanaient, semblait-il, d'une main experte et aguerrie, celle d'un pianiste confirmé. Mais Brifaut, qui n'avait de goût ni pour la musique ni pour ces divertissements qui étreignaient les estomacs et retardaient le moment de la conversation, n'écouta que d'une oreille et parcourut du regard les rangées de spectateurs dans l'espoir d'y retrouver quelques têtes connues. Il songeait surtout qu'il préférait le théâtre à la musique et qu'il aurait cent fois espéré y découvrir à nouveau le délicieux visage de Mlle Geoffroy. Il distingua la silhouette épaisse de Mme de Vintimille, qui portait une robe de soirée mauve avec dans le dos un ourlet formé de rinceaux de satin. Son teint légèrement hâlé lui rappela qu'elle devait seulement rentrer d'Italie où elle le priait par carte, comme chaque année, de la rejoindre, et où précisément il finissait par ne jamais se rendre, déclinant au dernier moment ses invitations à cause de ses fonctions, de ses humeurs ou du climat. Brifaut était un de ces voyageurs imaginaires qui ne savent pas quitter leurs quartiers et font croire à tous, et à eux-mêmes en premier, qu'ils ne rêvent que d'ailleurs et de terres étrangères, mais qu'ils n'en ont jamais la possibilité. Ses yeux croisèrent ensuite ceux de la marquise de Grollieu. Elle le salua d'un sourire affectueux, cerclant ses yeux de ses doigts comme pour lui dire qu'elle avait remarqué ses lunettes, et lui promit d'un regard un accueil plus chaleureux, mais après la sonate. Ses yeux vaquèrent encore et tombèrent sur la filleule de Mme de La Briche qui agitait ses petites mains dans sa direction, étouffant des fous rires. Enfin, tandis qu'il allongea son cou par-dessus les épaules nues, il découvrit assis au piano le musicien — c'était un enfant ! —, un musicien si jeune qu'on avait dû, tant il était chétif, le porter sur le banc, et dont les petits souliers vernis ne touchaient pas le sol. Le garçon excédait à peine les sept ans. Il faisait courir ses doigts menus sur l'instrument avec la légèreté d'un souffle ou d'un flocon. Le cœur de Brifaut s'étreignit en le contemplant. Il avait, songea-t-il en l'observant mieux, la pâleur et la grâce de Mlle Geoffroy. Depuis qu'il ne la voyait plus, il la voyait partout.

Lorsque l'auditoire explosa en applaudissements, on fit venir le maître du nom de Landermann. L'homme se leva avec beaucoup de gravité puis remercia l'assemblée qu'il surprit pourtant en minimisant ce talent de l'enfant au regard des autres qui étaient très nombreux :

— Vous ne connaissez là, dit-il, qu'une partie de son

génie. Il a le trait de David, danse comme Vestris, il sait toutes les sciences, la langue latine et la grecque, la géographie et l'histoire. Questionnez-le ! Vous serez bien étonnés…

Une foule se pressa alors autour du jeune prodige quand Brifaut se fraya un chemin et se courba vers lui. Il l'interrogea sur un ton qui trahissait une admiration sceptique. Une partie de lui-même se refusait à croire à tant de dispositions. L'autre ne pouvait s'en empêcher. Et le regard entendu qu'il adressa à Mme de Vintimille montrait assez que son cœur balançait entre les deux et qu'il voulait en avoir le cœur net.

— Allons, mon jeune ami, lequel préférez-vous d'Alexandre ou de César ?

— César, affirma l'enfant d'une voix assurée.

— Tiens ! Et pourquoi donc ? s'écria Mme de Vintimille.

— Parce qu'il pardonnait à ses ennemis et qu'Alexandre tuait ses amis !

— Quel esprit ! Il n'est pas seulement virtuose ! Cet enfant a tous les dons !

Les bravos fusèrent et Mme de Vintimille se tourna vers Brifaut d'un air philosophique :

— Peut-on après cela encore nier les progrès du siècle…

— Sans doute, sans doute, murmura Brifaut quelque peu effrayé, mais avouez quand même qu'il n'y a plus d'enfants…

Seule Mme de Grollieu se tut : elle connaissait bien Plutarque pour avoir autrefois traduit ses *Vies* et, par tact pour l'enfant autant que pour ses hôtes, par amour surtout pour Brifaut, évita de dévoiler des sources qui auraient pour l'un diminué les mérites, et pour les autres laissé éclater leur ignorance.

Sur cette sentence que chacun médita et qui plongeait encore Brifaut dans une grande perplexité (lui qui en termes de stratégie politique peinait encore à son âge à démêler la bonne de la mauvaise), ils passèrent donc dans le grand salon pour les réjouissances. Une large table était dressée, recouverte d'un reps d'Alger très vif. Les domestiques venaient de l'agencer et d'y déposer des carafes de groseille et de limonade, du madère, des sorbets du meilleur goût, un fromage du Mont d'Or, du saucisson cru et des champignons en coquille. Mme de Vintimille évoqua son dernier séjour en Italie. Elle possédait sur le golfe de Naples une villa de famille où elle passait toujours l'hiver avec ses deux filleules.

— Et j'ai bien songé à vous, très cher Charles, lorsque l'on m'a confisqué tous mes Montesquieu…

— Qui donc ?

— Mais la douane, bien entendu !

— Comme cela est extravagant ! s'offusqua Brifaut. L'œuvre de Montesquieu ? Mais elle est inoffensive ! Diderot, je ne dis pas, mais Montesquieu… Que les Napolitains sont drôles avec leur manie ! Ils ont une manière de tout exagérer ! Si l'on ne peut plus lire Montesquieu ou Voltaire, que lirons-nous donc ?

L'assemblée acquiesça d'un air grave, saluant même sa largesse d'esprit et son sens de la mesure.

— Mais vous avez raison, ajouta-t-elle d'un ton plus léger, ils sont drôles ! Et je puis en parler, moi qui les connais bien. Je me suis rendue un soir au Saint-Charles. C'est, compléta-t-elle sur le ton de la confidence, comme une note de bas de page à destination de ses auditeurs, une scène napolitaine très courue. Pour la musique, bien sûr, il ne faut pas la chercher là : c'est un brouhaha constant. Remarquez qu'il ne faut pas non plus y chercher le spectacle : la lumière est si crue que les dames se préoccupent d'abord de leur toilette avant de s'intéresser à la scène. Mme de Beyle regrettait d'ailleurs les loges de la Scala. Pour moi, je n'étais pas si mécontente que cela : c'était du Métastase. Mais il y avait dans le décor une imperfection qui interdisait toute illusion possible : le décor était trop court de dix pouces et le spectateur pouvait suivre tous les mouvements de pieds des chanteurs qui s'agitaient derrière lui. C'est bien simple : les arbres peints remuaient des pieds!

— Mais savez-vous, ajouta malicieusement Mme de La Briche, que le théâtre français n'a rien à envier au théâtre napolitain? Il paraît que depuis que vous avez suspendu l'année dernière la fameuse *Blanche d'Aquitaine* (dit-elle en se tournant vers Brifaut), la Duschenoy est entrée dans une rage folle. On dit que son humeur s'est portée sur Mlle Geoffroy qui l'aurait, paraît-il, traitée de *guenon*. L'autre l'aurait en retour giflée tant est si bien qu'elle en aurait eu le visage couvert de bleus. Et la belle Geoffroy, malgré la douleur, aurait eu ce trait délicieux : « Mais c'est qu'en plus elle déteint! »

Tous applaudirent à la repartie de la jeune comédienne qui, depuis qu'elle leur avait fait l'amitié de se produire à Brunoy, était de l'aveu de tous décidément piquante et de corps et d'esprit. Le vieux comte de Nicolaï ajouta avec perfidie que les coups avaient donné à la comédienne un prétexte bien commode pour ne plus monter sur les planches. Brifaut se taisait. Depuis qu'il ne la voyait plus, son cœur souffrait. Il avait bien tenté de la haïr, puis s'était reproché son geste d'humeur, aurait plongé dans les flammes s'il l'avait pu, pour y retrouver la première mouture du procès-verbal. Cette susceptibilité due à un *merci* trop lapidaire à son goût était la cause de tout et, malgré certains signes évidents, il refusait encore de croire qu'elle s'était servie de lui. La marquise de Grollieu remarqua bien ses airs maussades. Mais elle soupçonnait autre chose, le regret peut-être d'avoir interdit une pièce qui dès sa suspension avait gagné une audience, laquelle avait excédé les murs du Théâtre-Français. Sans l'aide de Brifaut, le succès *intra-muros* serait resté modeste. Mais avec la publicité que la censure lui avait faite, Hippolyte Bis était passé du statut de dramaturge respecté à celui d'auteur persécuté et par conséquent consacré. La presse avait ironiquement salué la performance de la Commission qui avait su par quelques phrases bien senties distinguer un auteur pourtant confidentiel. La marquise n'imaginait donc pas un seul instant ce qui animait secrètement son ami. Jamais il ne s'était épanché, jamais il ne lui avait confié la moindre aventure. Les femmes semblaient toujours à ses yeux des caprices qui ne l'atteignaient qu'en surface. Elle connaissait son penchant pour les comédiennes. Eh ! se disait-elle philosophiquement, quel dramaturge ne leur succombait pas ? En femme usitée, la marquise croyait bien connaître le cœur des hommes et Brifaut, en était-elle persuadée, leur ressemblait bien peu. Puis Mme de Vintimille s'enquit des prochaines pièces à l'affiche.

Quelle démesure, quelle incontinence, quel excès s'empara soudain de Brifaut ? Cela est difficile à expliquer. Toujours est-il qu'en quelques phrases nées de sa vanité le destin d'*Hernani* allait soudainement basculer.

Brifaut, travaillé par le désir de susciter un intérêt au moins aussi grand que celui du jeune prodige, se mit à parler du drame. Il en parla avec volubilité. Un cercle se forma autour de lui, retenant son souffle, craignant de rompre par une maladresse ou une question hardie la confidence. Il était si rare d'être dans le secret des dieux. Brifaut cita même quelques vers d'*Hernani* qu'il jugeait très ridicules, rompant par cette divulgation le pacte sacré que les censeurs scellent avec leurs auteurs. Ils avaient en effet ce devoir impérieux de conserver sur le contenu même des pièces un mystère entier, une discrétion absolue qui devait aller jusqu'à feindre de les ignorer une fois la porte du cabinet refermée.

Or ce jour-là, par orgueil peut-être, par lassitude et sans doute aussi par méchanceté, Brifaut parla trop. Il glosa sur l'immoralité de Hugo et sur sa grammaire aléatoire : *Crois-tu donc que les rois à moi me sont sacrés ?* Que venait faire le redoublement du datif entre le sujet et le verbe ? Le *me* n'était-il pas suffisant ? Fallait-il le répéter d'un *à moi* affreux, à la limite du solécisme ? Chacun approuvait. L'idée était de surcroît épouvantable et les faisait tous trembler. Et cette comparaison burlesque avec le *lion superbe et généreux* ? Vraiment ! Hugo avait le sens de l'image !

Alors Mme de Grollieu, sans prendre part aux débats, déclama :

Accompagne mes pas
Devant ce fier lion, qui ne te connaît pas…

Triomphalement, Brifaut explosa :

— Hugo ? Non ! Alexandre Dumas !

— C'est du Racine, sourit calmement la marquise.

— Du Racine ?

La comparaison entre l'homme et le lion était-elle vraiment chez Racine ? La citation, qui fut vécue comme une trahison, un coup de poignard dans sa démonstration, le fit un peu vaciller. Il releva les yeux sur Mme de Grollieu qui, gênée, baissa les siens. Son dépit lui faisait dire et faire des choses qu'elle réprouvait.

— Oui, oui, l'image n'est peut-être pas inédite mais la forme, oui, la forme ! Avouez tout de même que ces épithètes…

La marquise se rattrapa en reconnaissant que Hugo n'était pas Racine. Alors, ceux-là mêmes qui venaient de saluer son sens de la mesure encouragèrent Brifaut à interdire une pièce grotesque. *Hernani* devait tomber ! Pour les œuvres précédentes, ils étaient d'avis qu'une certaine souplesse fût de mise, mais pour celle-là, la chose était urgente et nécessaire.

Le petit succès que Brifaut, encore inconscient de sa faute et de sa chute à venir, avait remporté dans le salon de son amie lui avait donné de l'assurance et presque la permission de renouveler son indiscrétion.

À une séance du comité de l'Odéon dont il faisait depuis quelques mois partie, et sans se douter qu'il payerait très cher ce que l'on appellerait par euphémisme une *intempérance de langage*, il récidiva. Cette fois néanmoins, les vers cités allaient franchir les murs de la salle pour être répétés, colportés, déformés. Dans tout Paris, des parodies outrageant par avance le drame allaient bientôt se répandre. « Venir ravir de force une femme la nuit » allait devenir : « Venir prendre d'assaut les femmes par-derrière » !

Tandis que la rumeur enflait, Brifaut sentit très tôt qu'il était allé trop loin, et lorsque Hugo apprit de la bouche d'un ami que son censeur avait lu une partie du drame chez un haut fonctionnaire, il tonna, écrivit à Son Excellence et la crise éclata.

Dans un premier temps, Brifaut mentit à la Commission ainsi qu'au ministre. Il se défendit d'avoir failli à son devoir en divulguant méchamment les détails de l'ouvrage. Il clama son innocence, fit beaucoup de bruit, remua ciel et terre, retourna sans vergogne les attaques contre ceux qui les proféraient. Celui qui parlerait du texte, disait-il haut et fort, serait aussi vil, oui, aussi vil, aussi odieux, aussi indigne, que le curé qui révélerait le secret du confessionnal ! Mais comme l'argument ne convainquait personne (Brifaut étant le seul en dehors du souffleur à posséder une copie du manuscrit), il changea de stratégie et minimisa la chose. Il prit même sa plume avec humeur et écrivit quelques mots de protestation destinés à intimider Hugo :

Maintenant, de quoi s'agit-il, Monsieur ? Que vous ont dit vos espions ? Que j'ai révélé le secret de la comédie ? Que j'ai cité vos vers en les tournant en ridicule ? Eh bien ! Quand cela serait, où est mon tort ? Vos ouvrages sont-ils sacrés ?

La lettre envenima encore la chose et l'affaire se régla finalement par voie de presse. Le *Journal des débats*, qui était du parti de Hugo, accepta de publier anonymement son réquisitoire. La censure, écrivit-il en attaquant nettement Brifaut, était son *ennemie littéraire* et son *ennemie politique* ; elle était *de droit improbe, malhonnête et déloyale*. Brifaut quant à lui, d'autant plus meurtri par la critique qu'elle était vraie, se défendit comme il put dans *Le Moniteur*. Il reconnut son indiscrétion et par cet aveu perdit une grande partie de son aura acquise patiemment sinon sur la perspicacité des jugements, du moins sur la compétence et le professionnalisme :

Vers la fin de l'année dernière, à une séance du comité de l'Odéon, dont je fais partie, on parla du nouveau drame Hernani, *et l'on en cita quelques vers très-ridicules. Je dis que je connaissais la pièce, que je n'y avais point lu les vers attribués méchamment à l'auteur, mais que, par malheur, il en renfermait d'autres qui, sans être aussi étranges, ne valaient guère mieux. Alors j'en rapportai trois, les seuls que ma mémoire ait pu ou voulu retenir. On rit et j'en fis autant. Voilà tout ce qu'il y a de vrai dans ce qu'on raconte. Voilà tout mon crime. Quant* *au reste, je ne sais ce qu'on veut dire. La copie frauduleuse du manuscrit d'*Hernani, *la falsification du texte, les lectures de l'ouvrage chez les particuliers, les vers livrés à des journalistes sont des infamies dont je n'ai pas à me justifier.*

En sa présence, tous ses collègues du ministère applaudirent, y compris Kovaliov, mais dès que Brifaut tourna les talons, les langues se délièrent. Auprès de Wagner, ils rappelèrent que ce n'était pas la première fois qu'ils avaient à se plaindre des indiscrétions de leur inspecteur. Ils mentionnèrent son refus de déléguer, énumérèrent ses absences et s'indignèrent que l'homme passât le plus clair de son temps dans les salons ou à l'Institut. On insinua même que certains procès-verbaux avaient mystérieusement disparu, s'étaient volatilisés d'un coup, suggérant par là que Brifaut devait y être pour quelque chose. Enfin, le mot qu'ils avaient longtemps retenu sortit de leur bouche : *paresseux*, oui, c'était le terme, le seul qui lui fût approprié. La lenteur à laquelle Brifaut s'était initialement contraint pour asseoir son autorité avait été, du fait de ses nombreuses disparitions et de ses maladies, si amplifiée qu'elle était passée aux yeux du ministère de la conscience professionnelle à la négligence. Il ne faisait rien, et sa tâche, ses collaborateurs devaient bien en convenir, était le plus souvent exécutée par eux. Chacun haussa les épaules modestement. Mais, ajouta Laya avec une lassitude philosophique, son oisiveté, ses entrées dans le monde, son entregent, sa courtisanerie, tout cela était bien peu de chose au regard de la mauvaise publicité qu'il venait de faire à la Commission. Chacun acquiesça : la désinvolture de Brifaut entachait tout le cabinet. Il fallait donc agir très vite.

De son côté, Brifaut, inconscient de ce qui se tramait derrière son dos, comprit qu'il avait, bien malgré lui, autorisé *de facto Hernani*. Comment pouvait-il en être autrement ? L'interdire, ce serait faire de Victor Hugo un martyr ou un persécuté, et cela, Brifaut ne le voulait surtout pas. Le poète aspirait donc à représenter son drame ? Parfait. Il en aurait pour ses frais. Le public se chargerait lui-même de le faire tomber. Brifaut se mit alors à la tâche et rédigea à l'aveugle — il voulait dire par là : sans le soutien des *Procès-verbaux* — un rapport à la hauteur de son agacement. Il autorisa, mais avec la certitude que la pièce échouerait très tôt :

> *L'analyse ne peut donner qu'une idée imparfaite de la bizarrerie de cette conception et des vices de son exécution. Elle m'a semblé un tissu d'extravagances, auxquelles l'auteur s'efforce vainement de donner un caractère d'élévation, et qui ne sont que triviales et souvent grossières. Cette pièce abonde en inconvenances de toute nature. Le roi s'exprime souvent comme un bandit ; le bandit traite le roi comme un brigand. La fille d'un grand d'Espagne n'est qu'une dévergondée sans dignité ni pudeur, etc. Toutefois, malgré tant de vices capitaux, je suis d'avis qu'il n'y a aucun inconvénient à autoriser la représentation de cette pièce, mais qu'il est d'une bonne politique de n'en pas retrancher un mot. Il est bon que le public voie*

jusqu'à quel point d'égarement peut aller l'esprit humain, affranchi de toute règle et de toute bienséance.

Il le relut d'une voix haute et blanche. Ce rapport, et Brifaut en eut la conscience très nette au moment même où il traçait ces mots sur la page, remettait en cause la justification même de toute censure. Puisqu'elle était supposée prévenir les inquiétudes du public, anticiper celles du gouvernement et préserver la moralité de tous, la censure avait pour devoir de soustraire au public, par prévention aussi bien que par anticipation, des œuvres inconvenantes et dangereuses. Mais en acceptant un drame que, dans les termes mêmes du rapport, le censeur jugeait explicitement déplacé, Brifaut ôtait à la censure toute sa légitimité. Ou bien la censure devait interdire les œuvres dangereuses, ou bien, misant sur leur échec, elle ne les interdisait pas, et elle ne servait donc plus à rien. Le dilemme inextricable devant lequel était placé Brifaut lui fit poser sa plume. Que faire? Jamais sans doute il n'avait dû faire face à une affaire si délicate. Dans sa tête se mêlaient toutes les raisons, mauvaises ou bonnes, qui l'incitaient à refuser *Hernani* : la haine de Hugo et du romantisme, la facture infecte de la pièce, ses attaques indignes contre la royauté; mais aussi celles pour lesquelles il devait autoriser : l'indiscrétion dont il s'était lui-même rendu coupable, la victimisation inévitable du poète, l'interdiction pour lui de s'occuper des débats littéraires qui agitaient les esprits. Wagner ne lui avait-il pas rappelé que le style et le bon goût étaient là *des matières délicates dont le jugement appartenait au public*? Que faire?

Et quel arrêté rendre pour satisfaire tout le monde ainsi que son amour-propre ? À cette pensée, il rouvrit son tiroir et en ressortit les *Procès-verbaux* qu'il mania cette fois avec moins de ménagements. Bien qu'une partie de lui-même sût que ceux-ci ne renfermaient rien d'utile, il ne pouvait s'empêcher de vouloir y trouver une réponse, même parcellaire, brûlée aux trois quarts, pourquoi pas, mais quelque chose malgré tout, une trace, une lueur, un rien. Il tourna chaque page avec attention, les parcourant en les survolant d'abord, s'arrêtant parfois sur un mot qui éveillait des souvenirs, des censures anciennes, des cas de conscience, mais plus il approchait du début de l'année 1830, plus le papier était noirci. Au mois de février, il n'y avait plus rien.

Brifaut relut donc son rapport, le soumit cette fois à l'examen de ses confrères qui firent mine de ne pas sourciller, et *Hernani* fut autorisé. Le destin de la pièce prit alors, du fait de la seule vanité d'un homme, un autre chemin.

La première était pour bientôt. Et tout Paris bruissait encore de la guerre sourde que Hugo avait entamée contre la censure et dont il venait de remporter une bataille.

Le ministère, à cause du fiasco de l'inspecteur, retenait son souffle.

Après une séance à l'Académie où la réforme de l'orthographe venait, à son grand soulagement, d'être enterrée, Brifaut entra dans son bureau. Mais à peine eut-il pénétré dans le vestibule qu'il sentit que quelque chose avait changé, puis, parce que ces impressions-là sont souvent fugaces et qu'il est difficile de dire si elles relèvent d'une image, d'un son ou d'un parfum, il huma l'antichambre, tendit son oreille, à l'affût d'un grincement ou d'un souffle, scruta tous les rayonnages dans l'espoir d'y trouver une réponse. La pièce tout entière inspirait une sensation désagréable. Il observa de très près la table de son secrétaire et la jugea plus dépouillée que d'habitude, plus délestée, moins habitée. À observer les lieux, on aurait pu croire que son secrétaire avait pris ses dispositions et qu'il s'était retiré. Mais ce qui aurait dû apparaître à Brifaut comme un soulagement l'alarma. Quelque chose de plus profond, de plus remuant, de plus obscur, avait changé ici sans qu'il sût dire quoi. Ce n'est que lorsqu'il tourna ses regards vers l'embrasure de la porte de son propre bureau que son cœur se souleva. L'impression était juste. Elle tenait à la densité de la lumière que renvoyait l'autre pièce, ou plutôt à une ombre nouvelle, plus fournie et plus épaisse que d'habitude, plus menaçante aussi. Il poussa la porte d'un doigt prudent : le cabinet avait été entièrement réaménagé. Le bureau avait été éloigné de la fenêtre. Un autre lui faisait face. Les rideaux avaient pris une autre teinte. Une étagère enfin, placée le long du chambranle, assombrissait le seuil entre les deux salles, et une eau de toilette que Brifaut ne reconnaissait pas flottait dans l'air, occupait l'espace, le repeuplait, signalant, plus que toutes les choses matérielles, qu'il n'était plus chez lui. Quelqu'un d'autre habitait les lieux. Comme il s'y attendait, Kovaliov entra, affairé.

— Oui ? demanda-t-il intrigué, avant même que Brifaut l'interrogeât. Ah, cher maître, je me doute à votre mine que Wagner aura oublié de vous avertir… Il est si fantasque !

— De m'avertir ? Mais de quoi ?

Brifaut resta quelques instants interloqué, autant par la nouvelle que Kovaliov devait incessamment lui apprendre que par son timbre de voix si nouveau, si sophistiqué malgré son habituelle componction, un ton presque aristocratique. Ils partageaient désormais le même bureau. Depuis quand Kovaliov avait-il pris cette importance ? Brifaut ne s'entendit pas poser la question. On l'avait nommé, expliqua pourtant l'autre, pour le seconder ou plutôt pour signer officiellement, et à sa place pour ainsi dire, tous les papiers administratifs, pour étouffer aussi la rumeur ainsi que son faux pas, pour ne pas dire sa faute. Le second procès-verbal d'*Hernani* avait fort agacé le ministre, mais il s'était vu, à cause de *l'intempérance de langage* de l'inspecteur, obligé de le contresigner pour ne pas paraître s'acharner contre le dramaturge. Brifaut, qui n'écoutait que d'une oreille distraite, scrutait son secrétaire. Oui, depuis quand ? Depuis quelques jours ou bien était-ce plusieurs années ? À quels signes — la mine, la cravate, l'aplomb ? —, à quels signes donc, si menus fussent-ils, avait-il su qu'il en serait toujours ainsi ? Dès leur première entrevue, peut-être, dès que l'autre lui avait parlé de *Son Excellence* et de *son épouse*. Existait-il vraiment ? Non, non ! Kovaliov avait dû naître de sa détresse. Ou de son imagination. Au moment même où il venait d'adresser à son ministre une lettre de repentir, à l'heure où il avait attendu un signe, un geste, une réponse venue d'en haut, Kovaliov était apparu. Cette réponse avait d'abord pris la forme d'un homme gris et inexistant, qui avec le temps et l'expérience s'était mué, transformé, amplifié, grandi jusqu'à la voix, une voix ferme et mâle, d'où seule une oreille experte pouvait encore reconnaître l'accent slave. Qui se rappelait encore que l'homme venait tout droit de Russie ? Brifaut, vaincu — avait-il compris qu'il lui était désormais inutile de lutter ? —, rebroussa chemin en silence et referma délicatement la porte derrière lui.

Il flâna longtemps dans Paris, dans cette ville qu'il n'avait autrefois parcourue que pour la conquérir, comme un fief ou un royaume, envisageant Saint-Germain et ses quartiers frontaliers comme ses terres et les faubourgs comme ses communs, il errait dans cette ville glorieuse, donc, qui lui apparaissait désormais telle qu'elle était, grise et étranglée. Il parcourut Paris, longea les goulots obscurs, les ruelles étriquées, puis suivit les hôtels particuliers et la place Royale qu'il n'avait plus traversée que comme un patrimoine à saisir, différé, dont il devrait bientôt hériter. Il songea à ses débuts, à ses attentes, à la duchesse d'Uzès qui l'avait pris sous son aile et qui avait fondé pour lui les mêmes espoirs et les mêmes illusions. Il se demanda s'il ne devait pas mieux regagner ses terres natales, rentrer chez lui auprès de ses aïeux avec lesquels il avait perdu tout contact, et se rétablir à Dijon.

Lorsqu'il franchit le seuil de son appartement, il s'attabla sans un mot. Rose lui servit un potage qu'il but seul, tenant fermement dans la main la cuiller en or massif.

La nuit, il se réveilla. Depuis la veille, une idée le travaillait sans qu'il sût dire laquelle. Il avait bien observé le cabinet, pourtant, et l'avait trouvé changé, mais un détail semblait lui avoir échappé. Il revêtit alors, dans la précipitation, son manteau de laine par-dessus sa chemise de nuit et vissa son chapeau à même le bonnet. Puis il s'engouffra dans le froid glacial de cette nuit de février qui lui transperçait les membres, les mains et les yeux. La douleur et l'appréhension de devoir tomber sur son copiste ne l'arrêtèrent pas. Il devait savoir. Ses craintes furent heureusement dissipées par l'obscurité épaisse et tranquille qui enveloppait les lieux. Ni rai de lumière, ni frottement de papier.

Sans doute parce qu'il en était devenu maître à ses côtés, Kovaliov avait déserté l'office. La chandelle guida alors Brifaut dans son inspection et le dirigea naturellement vers le tiroir du bureau où devaient encore séjourner les *Procès-verbaux*. Comme il en avait conservé la clef, il la glissa dans le verrou, la tourna minutieusement à droite puis tira : rien. Le manuscrit avait disparu. Alors il les ouvrit tous, brutalement, en vain, puis revint sur ses pas, recula jusque dans l'antichambre. Là, dans les ténèbres qui cimentaient la pièce et le pétrifiaient lui aussi, la lumière de la bougie sillonna encore quelques instants sur les étagères : soudain, un in-quarto plus épais et plus brun que les autres arrêta ses regards. C'était un objet familier qu'il ne reconnut pas immédiatement et qui était rangé sur l'un des rayonnages réservés aux livres interdits. Il le sortit de son repaire et l'ouvrit. Ce fut comme une illumination. *Jeanne Gray* ! La tragédie disparue était donc parvenue jusque dans les bureaux du ministère ! Voilà pourquoi Taylor ne l'avait pas retrouvée chez lui. Alors il remarqua qu'un morceau de papier dépassait de la tranche comme un signet, puis le fit glisser et le lut : il s'agissait d'un rapport de la Commission ! Quelqu'un avait donc examiné la pièce à son insu ?

> *Nous ne doutons nullement des bonnes intentions qui ont animé l'auteur, nous ne doutons pas un instant que la pièce soit sympathique au public français. Mais est-ce un motif suffisant pour représenter sur une scène nationale un spectacle des plus blessants pour un gouvernement étranger avec lequel on est en paix et en amitié ?*

La Commission de censure pense qu'il y aura lieu, non pas d'interdire la pièce Jeanne Gray, *mais d'en ajourner la représentation à une époque moins inopportune…*

Brifaut tourna la page. Comme il s'y attendait, elle était signée de la main de ce scélérat. Kovaliov ! C'était donc à lui, cet infirme, ce moins que rien, c'était donc à ça qu'on avait remis le soin de décider du sort de sa pièce. Il relut encore le rapport comme pour s'en persuader. L'hypocrite ! En quoi sa pièce devait-elle blesser les Anglais ? Son intention était de n'offenser personne ! D'ailleurs, le rapport ne le reconnaissait-il pas formellement ? Pourquoi différer ? Retarder la représentation d'une pièce, ou plutôt l'*ajourner* dans la langue sibylline de la Commission, c'était l'enterrer. Brifaut n'était pas dupe. Il reconnaissait parfaitement le lexique et les usages. Ce rapport était une tartufferie de plus. Que l'on censure les œuvres des autres, n'importe lesquelles, cela tombait sous le sens, les temps sont si dangereux !, mais la sienne, une œuvre avertie, prudente, qui n'ignorait rien des chausse-trappes de la Commission, celle enfin d'un *inspecteur de la Commission d'examen*, cela dépassait l'entendement ! Certes, on ne lui faisait pas subir l'infamie d'une interdiction *stricto sensu* mais le destin qu'on lui réservait était-il si différent ? Qu'est-ce qu'une tragédie *autorisée* si on ne peut la jouer ? Un roman reçu dont on refuse l'impression ? Un opéra sans ténor ni soprano ? Une œuvre étouffée à la naissance, sans spectateur, ni lecteur, ni voix ?

Brifaut fit rouler le manuscrit et le glissa sous le manteau, constatant seulement, malgré la fièvre, qu'il avait dans la hâte oublié de s'habiller et qu'il était à moitié nu. Ses yeux tombèrent un instant sur ce corps débile, glabre et négligé. Il se regardait pour la première fois depuis plusieurs mois, comme un autre, un étranger que par habitude il aurait cessé de remarquer : il se trouva amaigri et d'une blancheur si terne qu'il se fit presque peur. Il portait la quarantaine comme une vieille peau, un cuir avancé, hâté par la maladie, la douleur et la négligence. Son texte était encore entre ses mains. Il hésita. Devrait-il vraiment l'emporter avec lui ? Oui. Il n'avait pas l'impression de spolier le ministère — même si la règle voulait qu'un exemplaire de *toutes* les pièces du répertoire français y fût déposé — mais de recouvrer un bien propre, un objet précieux qui le rattachait à son ancienne vie, à celle qu'il n'aurait jamais dû abandonner... Puis il prit conscience que d'autres manuscrits que le sien avaient mystérieusement disparu et vérifia si, par un heureux hasard, ils n'auraient pas eux aussi réinvesti leur place. Il ne rechercha pas longtemps Hugo : *Marion de Lorme* et *Hernani*, silencieux et hautains, attendaient patiemment qu'on les ouvrît, mais d'une façon si impérieuse que Brifaut, dont la fièvre et la sueur s'égouttaient sur les tempes, prit cela pour de la condescendance. Quelqu'un avait voulu le faire passer pour un voleur, et cette fois le doute n'était plus permis. C'était lui ! Kovaliov ! Il ne pouvait pourtant pas être seul. Tous avaient dû se liguer contre sa personne ! On avait voulu le prendre pour un pillard ? Lui ? Eh bien ! Il leur donnerait raison ! Qu'avait-il donc à perdre ? Brifaut empocha les trois manuscrits, ceux de Hugo et le sien, dans une serviette. Le larcin le fit sourire : comment Kovaliov parviendrait-il à se plaindre de ces nouvelles disparitions puisque personne, en dehors de lui-même, ne savait que ces pièces étaient réapparues ?

C'était un jeudi.

Brifaut avait longuement hésité à sortir de chez lui. Que pouvait-il bien espérer de la première d'*Hernani* ? La chute de Victor Hugo sans doute, prévisible, vertigineuse, méritée, une chute qui laverait le nom de Brifaut de toutes les calomnies qui avaient entouré les représentations. *Hernani* devait assurer son retour. Vers six heures, il revêtit son habit bleu à queue de morue et sa cravate blanche, empocha sa lorgnette, avertit ses gens qu'il se rendait au Théâtre-Français, hésita encore un peu sur le palier, fit demi-tour, puis croisant le regard de Baptiste qui l'avait suivi, incrédule, jusque dans l'antichambre s'engouffra finalement dans l'escalier en hélice où sa silhouette reparut à intervalles réguliers, circulairement raccourcie, relayée entre chaque apparition par le son mat et pressé de ses souliers qui, dès que la porte fut claquée, résonnèrent encore un peu sur le pavé avant de s'évanouir tout à fait dans la nuit.

Les becs de gaz jetaient sur les trottoirs de Paris une lumière morne, et les craintes de Brifaut, à mesure qu'il s'approchait du théâtre, seul et en première ligne, se précisaient, prenaient des proportions importantes, redoublaient à chacun de ses pas comme son ombre sur le sol, une crainte noire, étendue, qui s'agrandissant remontait sur les façades des immeubles et les dévorait. C'était la crainte de celui qui allume une guerre, en assume la paternité, la provoque haut et fort, la porte fièrement jusqu'à ce que, pressentant son inéluctable déroute, il devine que cette défaite se fera sur son seul nom.

La place du Théâtre-Français était encombrée d'une foule moins indocile et plus gouvernable qu'il ne l'aurait imaginé. Cela le déçut. Il en fut d'autant plus étonné qu'il s'attendait, dès la rue, à des invectives ou à un soulèvement. Des gendarmes heureusement encadraient les abords. Il fendit la masse des curieux qui ne disposaient pas de billet, jeta sur ce peuple aux aguets, infâme, ameuté, ramassé là dans l'espoir que quelque chose se passât, des regards suspicieux et inquiets, et tendit enfin son invitation à une jeune femme qui, dès qu'elle le reconnut, le conduisit, mine de circonstance et regards entendus, jusqu'à une autre porte moins exposée pour, c'étaient ses mots, *lui épargner les sifflets*. Mais ce contournement, à l'abri des badauds, douillettement escorté au milieu des tapis et des velours cerise qui assourdissaient leurs pas ainsi que les bruits de l'extérieur tout en les rapprochant, malgré les détours et les portes, des voix venues du parterre, l'inquiéta davantage. L'armée hugolienne avait été introduite dans la salle et à sa demande, dès treize heures, et Brifaut, qui avait déjà beaucoup œuvré pour faire tomber la pièce, avait en outre exigé que l'on fermât toutes les issues et qu'on les fît patienter les six heures dans la plus complète obscurité. Il espérait de ce traitement et de cette attente au pire quelques débordements, au mieux une expulsion par les gendarmes. Mais les fidèles du parti romantique qui avaient vu venir le piège avaient trompé leur ennui par des chants, des pains et du cervelas.

Vers dix-neuf heures, à mesure que les honnêtes gens pénétraient dans le théâtre et que l'on abaissait depuis les hauteurs les lustres qui rendaient à la salle ses couleurs et à tous un visage, les hommes du « paradis » s'étaient mis à prendre à partie les arrivants, à chanter à tue-tête ou à vociférer en direction des étages inférieurs. Au moment où Brifaut entra dans l'orchestre, on en était aux cris de la ménagerie. C'était à celui qui singerait le mieux les fauves, les paons, les poules et les cochons. Brifaut tourna ses regards vers le poulailler et découvrit, épouvanté, le visage des frondeurs : presque tous portaient les cheveux longs, la barbe hirsute, le costume bariolé, plumé et griffé, comme des animaux exotiques. L'un d'eux se démarquait pourtant et portait un habit pâle à la coupe sage et disciplinée, un gilet gris perle qui le rapprochait du parterre. Gérard de Nerval, le plus allemand des romantiques, était venu là pour la couleur politique de la pièce et non pour son renouvellement formel. Ce fut lui le premier qui le reconnut :

— Regardez ! C'est Brifaut !

— Brifaut ! Brifaut !

— Brifaut le Censeur !

— Oyez ! Oyez braves gens ! harangua Cadet Roussel.

Écoutez la chanson de Brifaut, le plus grand des génies, le premier des académiciens !

Il se mit alors à entonner son couplet :

En tous lieux, on jase, on glose,
On se demande pourquoi
Par quelle bizarre loi
Par quelle métamorphose
De ce simple ménestrel
On a fait un immortel
Comment ? Non vraiment on ose !

Et au milieu des beuglements hilares et discordants, tous entonnèrent ce refrain :

De ce simple ménestrel
On a fait un immortel
Comment ? Non vraiment on ose !

Le plus grand, peinturluré de rouge et de vert, quelques plumes d'aigle sur la tête, brandit alors une perruque blanche qui fit tourner vers le ciel toutes les têtes de l'orchestre.

Outrés, quelques académiciens se levèrent et crièrent leur indignation :

— Cette fois, c'en est trop ! De la décence, messieurs ! Du respect ! Qu'on fasse immédiatement cesser ce carnaval !

Les femmes, effrayées, retenaient leur souffle entre les mains. Cette cavité bouclée et sans visage, tendue au-dessus du vide, leur rappelait à tous les heures les plus noires de la Révolution.

— Traître au théâtre ! Police ! Qu'on l'arrête ! hurla un autre encore, pointant sur Brifaut un cervelas en guise de pistolet.

— Ennemi ! oui ! C'est notre intime ennemi !

— … Qui a divulgué des bouts entiers d'*Hernani*…

— Brifaut, au caveau ! Hugo, au pinacle !

— Oui ! Oui ! Brifaut ! Au caveau !

La tête basse, l'académicien s'était enfoncé à sa place au milieu de familiers pour la plupart de son camp.

— Regardez-le qui se cache… C'est qu'il a honte sans doute !

— Remarquez qu'il n'a pas tort d'avoir honte. La censure est une chienne !

— Une chienne !

— Sonnez la curée !

— *Cave canem !*

Et comme un seul homme, tous se mirent à aboyer.

— Renvoyez ces animaux-là au jardin zoologique ! hurla un classique.

— Oui ! Enfermez-les dans des cages !

— Ce sont des enragés ! Mais que font-ils au théâtre ?

— Retournez donc au cirque !

— Qu'attendent les forces de l'ordre ? s'indigna une dame.

Les plus égrillards la sifflèrent, complimentèrent hautement sa beauté, lui suggérèrent de venir elle-même les arrêter. Flattée, celle-ci réprima un sourire derrière son éventail.

Puis tous se mirent à découper leur carton rouge en petits morceaux qui tombèrent en pluie fine dans le corsage de plusieurs spectatrices, lesquelles s'efforcèrent, avec une décence pleine d'une habileté comique, de récupérer sous les vivats des observateurs qui avaient sur ces bustes offerts une vue plongeante et dégagée ces confettis révolutionnaires au creux de leur poitrine.

Cette scène, outrageuse pour les femmes, permit cependant à Brifaut de détourner l'attention de lui et de se laisser vivoter jusqu'au lever du rideau. Il s'arma de sa lorgnette pour mieux observer les loges, repéra quelques têtes connues, surveilla les fraternités nouvelles, les frôlements de doigts, les regards détournés, envia l'étendue de cette compagnie, l'étoffe des robes, les gorges nues, les longs cils, l'adresse des éventails, lorsque sa lunette itinérante s'arrêta sur une loge dans laquelle il reconnut Mlle Geoffroy. Son cœur déjà à rude épreuve se mit à battre plus fort encore. Cette fois, se promit-il, il ne laisserait pas passer l'occasion. La comédienne avait prié le baron Taylor de lui louer une baignoire dans laquelle elle pourrait être reconnue. Il n'avait pu lui accorder qu'une loge côté cour et en corbeille. Après son petit rôle dans *Blanche d'Aquitaine* en effet, elle avait fait sensation dans *Manon Lescaut*, moins pour la qualité de son jeu que pour sa taille fine et son minois ravissant. Le personnage de courtisane lui avait valu un tel succès que la foule l'avait même plusieurs fois raccompagnée chez elle en l'acclamant.

Pointant sur elle sa lorgnette, il put la dévisager librement, suivre tous les mouvements de sa figure, noter par exemple qu'elle semblait s'irriter de l'indifférence du public qui ne la saluait pas, l'ignorait, ne la voyait même pas, nota avec quelle insistance elle s'appuyait sur la balustrade de l'avant-scène, s'éventait le cou et jetait vers le paradis des yeux humides et mélancoliques dans l'espoir d'être remarquée. Puis il la vit s'enfoncer de tristesse au fond de son antre et scruta dans l'ombre ses prunelles transparentes, mobiles et affranchies comme deux bêtes aquatiques qui ruminaient leur dépit et préparaient leur vengeance.

— C'est la Geoffroy ? chuchota l'un des spectateurs. Comme elle a raison de se cacher. On raconte sur elle les histoires les plus compromettantes…

— Les plus scandaleuses, oui !

— Avec son protecteur, paraît-il.

— Oh, croyez bien qu'avec son génie il lui aura fallu avoir bien de l'entregent ou même plus pour parvenir à se hisser jusqu'au Théâtre-Français !

Le cœur de Brifaut s'étreignit. Il se maudit d'avoir quelques mois plus tôt laissé parler ses humeurs et enterré *Faust*. Que n'avait-il pas senti l'honnêteté de son jeu, la subtilité de sa Marguerite, l'intelligence de ses arguments ? Pourquoi donc avait-il eu ces sortes de délicatesse ? Mais ce Gérard de Nerval n'avait-il pas un peu mérité cette interdiction ? Sa violence ce soir n'en était-elle pas une preuve nouvelle ? Il jeta pourtant sur les rangs voisins des regards pleins d'amertume, lui qui avait une sainte horreur de ces anecdotiers ambulants qui renversaient le monde sur un bon mot ou une parole blessante, s'indigna contre ce public volatil qui signait la fin d'un règne comme on jette une feuille et se promit de réparer cette injustice en lui portant dès l'entracte ses hommages.

Le rideau se leva sous les mêmes hurlements que ceux qui avaient accueilli Brifaut une demi-heure plus tôt. La claque applaudissait tandis que les classiques conspuaient les comédiens, si bien que personne depuis la salle ne put entendre l'ouverture. On ne vit qu'une chambre à coucher. On n'écouta rien du texte. Brifaut qui n'en attendait pas tant se frotta les mains avec satisfaction, contemplateur heureux du naufrage auquel il assistait depuis son fauteuil, comme Lucrèce depuis la terre ferme. Pourtant, les premières scènes gagnèrent l'attention du parterre, les sifflets se firent plus rares et les vivats scandèrent bientôt chacune des apparitions ou sorties de comédien. Mais Brifaut, qui avait eu tout le loisir d'apprendre certaines tirades glorieuses, savait qu'elles ne manqueraient pas d'échauffer par leur extravagance les esprits. Les deux premiers actes passèrent dans une agitation heurtée et chaotique, sans qu'il fût possible de dire lequel des deux camps l'emportait vraiment. Lorsque le troisième fut entamé, il se redressa soudain. Mlle Mars avait troqué son *lion* pour un *monseigneur* convenable et plus traditionnel ! Surtout, alors même qu'il attendait son heure, comme un fauve sa proie, Joanny, qui reproduisait du Talma jusqu'à la caricature, diminua son couplet de moitié. Comment lui, ce piètre comédien, ce *Talma des provinces*, osait-il escamoter le texte sans l'aval de l'auteur ? S'il avait seulement su jouer, sans doute aurait-il pu avoir du talent et prendre avec le texte quelques libertés… car enfin, retirer de la scène des vers entiers, cela n'entrait pas dans ses prérogatives… L'académicien bouillonna et se mit à échafauder les théories les plus folles. La cabale contre la censure, se disait-il, avait pris le biais le plus astucieux, l'auteur avait dû vouloir prévenir les ravages d'un four en amputant de lui-même les morceaux de sa pièce les moins orthodoxes, et sentant que c'étaient précisément eux que l'on attendait, que l'on espérait, que l'on s'apprêtait à huer, Hugo avait eu l'idée ingénieuse de refuser ce plaisir à ses détracteurs, en coupant l'herbe sous le pied à la Commission, la partie était gagnée et ses jours de censeur étaient comptés…

Dès lors, Brifaut, défait, partagé entre l'admiration et l'accablement à l'égard de ce coup de génie et de grâce qui avait pris la Commission à son propre jeu, laissa errer sa lunette sur les spectateurs dont les mines satisfaites indiquaient mieux encore sa déroute. *Hernani* était un succès. Il voulut alors replonger ses regards dans la loge de Mlle Geoffroy, quand sa lorgnette pointée en l'air vers la droite se figea soudain : elle venait de tomber net sur une autre lorgnette qui lui faisait face et que l'on braquait sur lui. Qui donc l'observait ainsi, le sourire aux lèvres ? Il ne voulut pas immédiatement reconnaître la silhouette de son inconnu dont il ne voyait qu'un seul œil, tubulaire et long comme une lunette pointée vers la terre, un gros œil immobile d'autant plus inquiétant qu'il semblait étranger au spectacle, indifférent au tapage de la salle, tout à fait hors de l'événement, un œil implacable et accusateur. Un œil de juge. Un œil de Dieu. Dans son ombre, il devina le port altier de Mlle Geoffroy, absorbée, le visage tourné vers la scène. Ses regards revinrent alors vers son inquisiteur qui ne l'avait pas quitté de vue, le même sourire énigmatique et vague sur les lèvres. Puis, comme s'il avait deviné la signification de son attente, l'incrédulité de son arrêt, l'insistance de son contrôle, l'inconnu déporta sa lorgnette sur le côté pour découvrir son front, son nez et ses deux yeux.

Kovaliov fit alors en direction de Brifaut un sourire large et franc.

Pris d'une panique incontrôlable, l'académicien fit se lever la rangée tout entière. Mlle Mars qui était alors en scène reconnut celui qu'elle avait autrefois voulu engager, à cette époque violente de sa vie où les royalistes menaient campagne contre elle, et crut à un désaveu de son ancien ami. Mais lorsqu'elle le vit courir dans les ruelles du théâtre, surprise comme l'étaient tous les spectateurs de la salle unis dans une même stupéfaction qui suspendait, l'espace d'une seconde, tous les motifs de querelle, les rivalités entre classiques et romantiques, tragédie et drame, tradition et modernité, elle l'accompagna du regard, trébucha sur un vers et, au moment où achevant sa course malhabile il se trompa de porte, le crut tout à fait fou. Dès qu'il fut sorti, sa voix de dame de la meilleure compagnie reprit de sa vigueur professionnelle et Brifaut put suivre depuis l'extérieur, à travers le capiton des loges, comme un souvenir mauvais et déjà lointain, les bruits feutrés, assourdis et reculés de la scène, de même que les grondements étouffés du parterre.

Il s'assit sur l'un des bancs de velours qui bordaient les galeries et, prenant pleinement conscience de son naufrage, se prit le visage entre les mains. Au bout de quelques minutes cependant, il finit par redresser la tête, perdu, et ses doigts s'égarèrent sur le banc puis le caressèrent machinalement comme autrefois ce velours d'Utrecht qu'il n'avait discrètement frôlé que pour ne pas prendre Mlle Geoffroy violemment dans ses bras. Elle n'avait, croyait-il, jamais rien su de ses sentiments. Que venait faire à nouveau ce copiste entre elle et lui ? Comment ce misérable commis avait-il pu obtenir un siège à ses côtés et dans sa propre loge de surcroît ? Était-il toujours son amant ? Non, non ! Cela n'était guère envisageable ! C'était même tout le contraire… Oh ! Oh ! Si Kovaliov s'était retrouvé là, c'était par jalousie, n'est-ce pas ? Parce qu'il avait dû avoir vent de ses penchants amoureux, sans doute, et qu'il avait très nettement deviné la menace que son maître constituait pour lui…

Soudain, un bruit de canne, régulier, sinistre, appliqué, venue frapper métalliquement la rampe de l'escalier, s'approcha consciencieusement de lui depuis les étages supérieurs. Il songea d'abord au martèlement du bâton de l'aveugle puis se raisonna, admit pour lui-même qu'une telle déficience découragerait même les plus exaltés de se rendre au théâtre. Les battements sourds s'interrompaient un court instant, entre deux niveaux. La fin du troisième acte retentissait alors, comme une parole familière et inquiétante à laquelle Brifaut tentait désespérément de se raccrocher… *Ô malédiction ! Mes vassaux, à cheval, À cheval ! Poursuivons le ravisseur ! Qu'en jures-tu ?…*, retenant sa respiration, tâchant de deviner quelle direction pouvait bien vouloir prendre son inconnu, puis, parce que ses esprits revenaient sans cesse à lui, à cet homme qui lui avait tout pris, son pouvoir, son bureau… *La tête de mon père*…, son visage, désormais Mlle Geoffroy elle-même, il se convainquit que Kovaliov en voulait décidément à sa vie. Les coups se rapprochèrent encore, méthodiquement, de plus en plus aigus et de plus en plus nets. Brifaut se leva, se cala dans un coin, s'accroupit… *Voudras-tu de toi-même un jour t'en souvenir?*…, pointant sa lorgnette dans toutes les directions dans la crainte mais aussi, par ce mouvement de sidération terrifiant et si singulièrement humain, *dans l'espoir* de voir se réaliser ses augures. Brifaut attendait Kovaliov. *Écoute, prends ce cor. Quoi qu'il puisse advenir*… Les coups avaient manifestement dépassé les deux balcons et abordaient désormais la corbeille.

Tout à coup, la silhouette d'un homme se refléta dans un miroir qui lui faisait face, que Brifaut entraperçut fugacement. Qui était-ce? Comme il ne reconnut pas formellement Kovaliov, son sang se glaça car il refusait toujours de douter que ce martèlement lui était réservé. Il se releva aussitôt et se mit à courir à travers les couloirs augustes et silencieux comme pour fuir une mort imminente… *Ta main?*… Là, il s'engouffra dans un boyau interdit au public, échappant à tous les regards mais aussi à tous les secours possibles, dans ce lieu défendu, indiscernable, d'où rien ne filtrait, ni perception ni son… *Vous tous, soyez témoins*…, tandis que la salle au loin, très loin, était tout entière à ses vivats. Soudain un hurlement déchira le silence de ces ruelles rouge et or dont l'honnêteté bourgeoise et feutrée ne trahissait rien du drame qui se jouait, avant qu'un second cri, comme une réplique plus vague et plus sourde, se fît entendre. Brifaut n'était déjà plus là. La terre tanguait sous ses pieds, et des centaines d'ombres mobiles et blêmes comme des fantômes, comme de tristes capitaines tous revenus du large, s'échouaient à ses côtés, s'enroulant dans une mer comme un tapis sans fin. Kovaliov était là, multiplié, infini, une longue-vue à la main et qui le regardait sombrer. Ses terreurs enfantines refaisaient surface. Il aurait voulu appeler son père, l'avertir de l'imminence du danger, mais sa voix déjà ne lui obéissait plus…

Brifaut avait dû perdre connaissance lorsque l'on vint à son secours. *Cher maître ! Réveillez-vous !* Son visage et ses yeux mutilés, rouge sang, qu'un rai de lumière éclairait un peu, brillaient étrangement dans l'obscurité. Quelques jeunes gens l'entouraient. On pouvait même reconnaître la voix alarmée de Kovaliov qui disait l'avoir trouvé là, dans cette antichambre habituellement fermée à clef, inanimé et gravement blessé. Un gendarme immédiatement accouru commentait la présence suspecte de la lorgnette couverte elle aussi de sang, l'inspectait comme une arme, avant que les gémissements de Brifaut précipitent son évacuation sur litière, escorté de son secrétaire qui ne voulait pas le quitter et lui tenait encore le bras.

L'entracte avait fait affluer le parterre et les couloirs. Les salons se peuplèrent alors d'une agitation ardente et active, trépignant, piétinant, sans s'apercevoir de rien, le sang encore frais du censeur qui s'était mêlé sur le sol au rouge vif des tapis.

Jamais on ne sut ce qui s'était réellement passé. Le bruit

courut que Brifaut avait tenté, d'une main barbare et désespérée, de mettre fin à ses jours. D'autres, parmi les intimes, suspectèrent quelques jaloux. Sur son lit, Brifaut ne sut prononcer que des paroles inaudibles et incohérentes, mais le domestique, l'oreille aguerrie aux errances de son maître, crut plusieurs fois reconnaître le nom de Mlle Geoffroy. Tandis que tout Paris bruissait de la victoire d'*Hernani*, le gisant n'appelait qu'une seule femme. Comme Baptiste redoutait une mort prochaine, il traversa la ville pour la retrouver, et après quelques heures de recherches infructueuses porta un pli au Théâtre-Français dans lequel il décrivait l'état de son protecteur ainsi que ses multiples appels auxquels elle seule aurait su trouver secours, usant de toute sa modeste rhétorique et de toutes les belles images trouvées pour beaucoup dans les romans, afin de l'émouvoir, l'impressionner, l'attendrir, escomptant une réponse enfin, une réponse qui ne viendrait pourtant jamais.

Kovaliov, de son côté, avait disparu.

Ainsi, dans des circonstances aussi étranges qu'effroyables, Brifaut perdit presque complètement la vue. Les mois suivants, les chirurgiens se bousculèrent à son chevet pour sauver ce qui pouvait l'être encore. Chacun tâchait de comprendre comment la cornée avait pu être si profondément endommagée. Brifaut lui-même essayait de rassembler ses souvenirs, et bien qu'il ne doutât pas un seul instant que ce crime fût l'œuvre de Kovaliov, il ne cessait de se revoir la nuit, dans ses songes, la lorgnette à la main, en train de se frapper encore et encore, de supplicier, de persécuter, de martyriser ses pauvres yeux déjà malades. Il garda longtemps un bandage autour de la tête afin de les protéger de la lumière et ne se déplaça plus qu'avec une canne.

Quelques mois plus tard, avec la monarchie de Juillet, Brifaut perdit aussi son emploi et sa pension. La Révolution venait en effet d'émanciper le théâtre et la censure préventive allait être suspendue pendant cinq ans. Le département du ministère, la *très influente* Commission d'examen, rangea donc ses cartons et ferma ses portes.

Brifaut n'eut pas le temps d'être bouleversé par cette suppression de poste. Il le fut d'abord par ces journées d'émeutes qui secouaient Paris et l'obligeaient à émigrer dans les bois. Il trouva refuge chez la marquise de Grollieu que les événements jetaient, elle aussi, dans les plus vives alarmes. On vit accourir des environs des douairières, des vicomtes, des académiciens. Tout le petit monde de Saint-Germain. Les mines étaient graves. Beaucoup pleuraient. Chacun avait encore en tête d'autres terreurs. « Dieu nous garde, tremblait Brifaut, d'un nouveau 93 ! » Les quatre ministres de Charles X dont on faisait le procès protégèrent leurs familles en les envoyant à l'abri. Paris était en plein déménagement et toutes les campagnes avoisinantes se peuplèrent d'honnêtes gens. M. de Monthyon, le plus terrifié d'entre tous, fuit en Angleterre.

Brifaut et la marquise, qui suivaient de loin ces malheurs, s'inquiétaient de l'éclosion en Europe de républiques grossières, de gouvernements métissés, de princes de contrebande. Ils se plongèrent alors dans la lecture que la marquise faisait à haute voix, dans les œuvres complètes de Delille et celles de Mme de Genlis, dans les jardins, les boutures de roses, les semailles de seringa, de capucines, la cueillette du potager, et s'évertuèrent à réveiller le souvenir de ces cercles triés, à ranimer, à piquer comme un passé indécis dont Brifaut doutait déjà un peu, le petit salon perdu de Brunoy.

Mais les passe-temps imaginés par la marquise n'étaient d'aucun secours contre la douleur, et Brifaut, rongé par son mal et cette nouvelle vie de ténèbres, s'enlisa aussi dans la mélancolie.

Dans ces cinq années de liberté que l'on a dite *absolue*, Guizot et Montalivet tentèrent bien, après le scandale qu'avait suscité *Le Fils de l'homme*, de restaurer la censure tout en la réformant en profondeur. La nature même de la Commission était, disaient-ils, la cause de tous les échecs. L'existence d'une autorité administrative, de fonctionnaires des Lettres, de techniciens de la censure, toute cette machine officielle avait montré ses limites. Il était temps de s'en remettre directement à la justice ou à une tutelle quelconque pourvu qu'elle fût législative. Le projet des deux hommes ne rencontra aucun écho et dut être abandonné.

Mais revenons à notre héros. À l'hiver 1830, Brifaut put rentrer chez lui. La débilité de son organisme limitait néanmoins ses déplacements et lorsqu'il sortait de chez lui malgré tout, *trop rarement*, ce n'était jamais, rappela le docteur Cabanès, sans prendre des pains à cacheter et du papier blanc qu'il coupait par bandes puis collait sur les joints des portes et les trous de serrure : il avait une peur bleue des courants d'air. Certains prenaient ces raideurs pour des manières et doutaient de ses alarmes. Nous qui le connaissions bien savons que ce n'était feint. À cause de ces douleurs aux yeux, de ces troubles digestifs, de ces dérangements incessants qui fourmillaient dans le bas du ventre, il ne se souciait plus ni des conventions ni des formes et ne se montrait, dans les quelques salons parisiens qu'il fréquentait encore, que revêtu d'un caftan fourré, de petits chaussons de Limoges, la face emmitouflée dans un bonnet de velours et les yeux bandés. Là, malgré le scandale que ses manières causaient dans son entourage, il enfouissait sa maigre carrure dans une chauffeuse, ôtait aussitôt ses souliers d'étoffe et ses bas, posait médicalement ses deux pieds sur les chenets tout en exerçant ses dix orteils, en les remuant, en les relâchant, en les frottant, en les attendrissant.

Des crises de plus en plus vives le contraignirent à prendre définitivement sa retraite. Il s'isola du monde, délaissa ses séances à l'Institut qui avait fini par adopter en son absence et à son grand désespoir la réforme de l'orthographe, et resta le plus clair de son temps cloîtré dans son appartement de la rue du Bac. Baptiste déplaçait, selon ses vœux et les pièces de la maison, sa chaise longue, ajustait par-dessus ses bandages une calotte jaune bien serrée sur son crâne, puis relevait, au moindre coulis d'air, une couverture de laine sur ses genoux.

Brifaut cependant ne perdit rien de sa vivacité d'esprit et resta encore très apprécié pour sa conversation. Il tenait pour règle de conduite de ne jamais se plaindre de sa méchante nature et jouait aux autres la comédie. Ainsi conserva-t-il une humeur toujours égale et toujours accommodante. Et s'il lui arrivait parfois d'y faire allusion, c'était sur un ton qu'il voulait léger et badin :

— Hier, dit-il par exemple, j'ai eu la fièvre. C'est le mois d'avril qui me donnait de ses nouvelles. Je l'aurais de bon cœur dispensé de mettre sa carte chez moi !

Il ouvrait chaque jour, de deux à cinq heures, son salon à une petite cour de douairières, d'immigrés démodés dont les chapeaux Ancien Régime faisaient sourire tout Paris, de comédiennes ambitieuses venues traquer les artistes du moment, d'écrivaillons qui n'affluaient là que par calcul et intérêt : personne en effet n'oubliait que son siège à l'Académie serait un jour à pourvoir. On ne lui connut que deux maîtresses : une petite comédienne de passage à l'Odéon et une autre femme prétendument baronne.

Dès qu'il était seul, Brifaut était à nouveau assailli d'idées noires.

Un soir de novembre, trois ans après *Hernani*, alors que, pensif, il songeait mélancoliquement à son passé et à Mlle Geoffroy qu'il n'avait plus revue, un homme entra. Au bruit inconnu des pas, il tourna instinctivement la tête avec inquiétude :

— Qui va là ?

— Cher maître, ce n'est que moi…

Cette voix…

— Kovaliov !

— Lui-même ! Si j'avais pu venir plus tôt, naturellement j'aurais…

— Criminel ! Comment osez-vous !…

Brifaut, que le linge blanc rendait aveugle, avait précipité ses mains sur son visage comme pour arracher les bandelettes et espérer revoir en face celui qui avait voulu l'assassiner, et se prémunir aussi contre un danger qu'il croyait imminent.

— Un criminel, moi ? Non, non ! Je vous assure, cher maître, que vous vous trompez. Jamais, oh non, jamais je n'aurais voulu… Mais vous vous le rappelez, n'est-ce pas ? Vous le savez bien ! C'est moi qui vous ai secouru ce soir-là tandis que vous tentiez de vous donner la mort… Heureusement que je vous ai retrouvé dans ce salon dérobé, sans quoi… (Puis, voyant que Brifaut doutait toujours :) Maître, maître ! Ne savez-vous pas bien que je dis vrai ? Comment ? Ne vous souvenez-vous de rien ? Cela est impossible…

Brifaut avait réussi à se défaire de son voile et ses yeux inexpérimentés, embrumés, déshabitués à voir, se plissaient en vain. Malgré la lumière du chandelier, ils ne distinguaient que des ombres. Kovaliov s'était approché de lui puis agenouillé à ses côtés en lui prenant les mains.

— Mon Dieu, dans quel état êtes-vous donc ? Alors vous…

— Pourquoi êtes-vous revenu ? répliqua Brifaut dans un mouvement de recul.

— Comme je vous le disais, j'aurais voulu vous rendre visite plus tôt mais je craignais que vous ne fussiez… plus mal encore et que votre condition ne me permît plus de vous… (Il s'arrêta et fixa longuement les yeux meurtris de Brifaut :) Cher maître, me reconnaissez-vous enfin ?

— Non. Ou plutôt si : je me rappelle votre voix.

— Mais ne me voyez-vous plus ?

— C'est que la lumière me brûle…

— Voulez-vous que j'éteigne les chandelles ?

Sans attendre la réponse, Kovaliov souffla sur les bougies et n'en laissa qu'une allumée. Dans la pénombre de la chambre, les deux hommes prirent des allures fantomatiques.

— Cela vous apaise-t-il un peu ?

— Non. Mais vous ne m'avez pas répondu. Pourquoi êtes-vous revenu ?

— Eh bien… cher maître… J'ai… j'ai… comme vous, je suppose, vécu des heures affreuses depuis les journées de Juillet… Le nouveau parti, mais vous ne le savez que trop, a laissé la place à tous ces entrepreneurs de corruption. Depuis que la loi sur le sacrilège a été abrogée, la religion est bafouée sur toutes les scènes. Et on ne compte plus les outrages à la morale publique. À la Gaîté, on donne *Le Jésuite*, *Le Te Deum et le Tocsin*, au Vaudeville, *Le Congréganiste*… Et Napoléon ! Il est partout ! Dumas le joue à l'Odéon. Tous les théâtres s'en emparent : l'Opéra-Comique, les Nouveautés, l'Ambigu, la Porte-Saint-Martin, le Cirque-Olympique… Tous ! Il paraît même qu'on réhabilite Robespierre…

L'air épouvanté, Brifaut réprima un cri.

— Oui, oui, je conçois vos alarmes. Mais si je suis ici, cher maître, c'est justement pour vous porter une nouvelle, une nouvelle qui va vous redonner courage et nous venger tous d'un affront ! Il se trouve en effet que depuis quelques mois, je suis dans le secret du ministre de l'Intérieur…

Brifaut fronça les sourcils.

— Vous ? Mais comment…

— Ne vous inquiétez pas. Il va sans dire que je suis de votre côté, hostile comme vous au gouvernement de Juillet… Mais je crois, et vous me l'accorderez, qu'il ne faut pas hésiter à user de toutes les manœuvres et de toutes les stratégies pour rétablir la censure, comprenez-vous ?

Brifaut hocha la tête et l'incita silencieusement à poursuivre.

— J'ai récemment appris que Victor Hugo… (à ce nom,

Brifaut tressaillit et Kovaliov feignit de ne pas le remarquer) voulait faire jouer un drame nouveau au Théâtre-Français. Le titre même est inconcevable! *Le roi s'amuse*... Quelle provocation! Eh bien justement, reprit Kovaliov sur le ton de la confidence, M. le ministre, le comte d'Argout, a récemment demandé à l'auteur de lui fournir une copie du manuscrit. Hugo s'est rendu au ministère. Confier un double... c'est une bagatelle, n'est-ce pas? Mais vous le connaissez... Il refusa. Il s'obstina. Je le sais, j'étais là. Quelle arrogance, mon Dieu! Le poète cria qu'il retirerait mille fois sa pièce plutôt que de la soumettre une nouvelle fois à la censure! Il cita même votre nom...

— Mon nom?

— Le secrétaire de cabinet, Mérimée, vous a heureusement défendu. Mais le ministre maintenait son droit. Il le puisait dans la loi de 1806... Il expliqua qu'il n'était pas dupe des allusions de la pièce à Louis-Philippe et à son aïeul. Hugo répliqua qu'il professait le plus grand mépris pour les exploiteurs d'allusions, qu'il affirmait ne vouloir mettre en scène que François Ier... Enfin! le ministre voulut bien lui faire confiance et accepta de ne pas exercer son autorité. (Kovaliov se mit à chuchoter :) Mais de vous à moi, la pièce n'a plus que quelques heures à vivre... Lorsque Victor Hugo est sorti de son bureau, le ministre était dans une telle rage... En un mot, il compte l'interdire!

— L'interdire? s'écria Brifaut. Mais la censure n'existe...

— Chut... Parlez plus bas! Oui, la censure *préventive* n'existe plus! Et le ministre le sait mieux que personne... Mais la censure répressive?...

On entendit des pas dans le corridor. C'était Baptiste sans doute qui venait préparer Brifaut à dîner. Kovaliov jeta les yeux à droite et à gauche avec inquiétude. Une autre porte ouvrait sur l'escalier de service.

— J'entends qu'on vient, cher maître, je me sauve ! Mais je reviendrai. Vous verrez. L'avenir nous donnera raison ! Nous la tiendrons enfin, notre revanche !

Kovaliov ne reparut plus pendant quelque temps. Brifaut, qui attendit chaque jour de ses nouvelles, avec sérénité d'abord, avec une impatience de plus en plus grande ensuite, se renseignait tout autour de lui, feignant de n'être pas au courant des récentes évolutions de l'affaire, et évoquait *Le roi s'amuse* d'un air détaché, le plus indifféremment du monde. La marquise de Grollieu lui dit ce qu'elle en savait car, depuis que le dramaturge avait rendu la chose publique, les journaux s'en faisaient l'écho.

Le naufrage de la pièce fut encore préparé et aggravé par un événement qui échauffa les esprits : un coup de pistolet tiré depuis le Pont-Neuf sur Louis-Philippe. La première confirma donc toutes les prophéties de Kovaliov. Le public du Théâtre-Français, épouvanté de reconnaître son roi à travers le personnage de François Ier qui se perdait de surcroît dans un taudis où régnaient le meurtre, la prostitution et le vin au litre, siffla le drame. Dès le lendemain, dans les termes exacts qu'avait prédits Kovaliov, le comte d'Argout l'interdit.

Aussitôt, Kovaliov entra secrètement chez Brifaut pour lui porter la nouvelle. Celui-ci ne l'attendait plus et l'accueillit avec une joie fébrile.

— Ne vous avais-je pas dit que nous l'emporterions ? Notre victoire a sonné ! Hugo avait espéré faire un autre *Hernani*... Il est même revenu avec toute son armée, Gautier, Nerval, Sainte-Beuve, Vigny, Musset et les autres. Quel naufrage ! Et quelle bacchanale ! Le public a eu beau chanter *La Carmagnole*, *La Marseillaise*, le *Roi Dagobert*, avant le lever du rideau, hurler dans une chaleur suffocante, au milieu des bouffées de vin et de tabac, aller jusqu'à uriner dans le couloir... Jouslin de La Salle a été contraint par Taylor, bien malgré lui comme vous pouvez l'imaginer, d'arrêter la pièce. Il paraît qu'aujourd'hui on a vu revenir Hugo au théâtre pour corriger son manuscrit. Il croit encore pouvoir sauver son drame ! Cette fois, cher maître, je crois bien que nous avons gagné. Ce *Roi s'amuse*, c'est le Waterloo du romantisme...

Brifaut se prit enfin à rêver. *Hernani* était enfin réparé. Grâce à Kovaliov et les échos qu'il lui rapportait soir après soir, sa bonne humeur était revenue. Il s'intéressa de près au procès que Victor Hugo intenta à la Comédie-Française, ne pouvant attaquer directement le ministre qui se réfugiait derrière le Conseil d'État. Grâce aux récits de son ancien secrétaire qui assistait à tout, il put suivre les plaidoiries des avocats, interrompues comme au théâtre par des cris et des applaudissements. Kovaliov et Brifaut tombèrent dans les bras l'un de l'autre lorsqu'ils apprirent que, le tribunal se déclarant incompétent, Victor Hugo perdait son procès.

Kovaliov continua, les mois suivants, à le tenir informé des activités et déplacements de Hugo qu'il suivait à la trace, de son déménagement à l'hôtel de Rohan-Guémené, de ses fréquentations, de ses maîtresses, et Brifaut savourait tous ces détails avec une curiosité fiévreuse et presque vitale.

Mais l'influence de plus en plus grandissante de Kovaliov altéra bien vite cette période de grâce. Chaque jour, au moment où ses fidèles quittaient le salon de Brifaut, Kovaliov faisait mystérieusement son apparition, à l'insu des domestiques, et l'appartement devenait peu à peu son royaume. Depuis que son maître ne pouvait plus lire, c'était lui qui lui faisait la lecture. Il commença par les *Élégies savoyardes* de Guiraud, poursuivit avec quelques ouvrages de facture classique avant de rapporter un soir un exemplaire de *Notre-Dame de Paris*. La chose se fit avec prudence. Le premier mouvement de Brifaut fut de refuser d'entendre une œuvre manifestement satanique. Mais il finit par se laisser gagner par Kovaliov et écouta avec nervosité puis exaltation — un enthousiasme qu'il réprouvait lui-même — toutes les péripéties des personnages. Il enrageait de trouver tant de force au roman. Il se revit autrefois dans sa traque nocturne, poursuivant Hugo jusque dans la cathédrale, comprenant qu'il n'avait rien saisi de ce qui s'y tramait. C'était donc un roman qu'il rédigeait alors… Kovaliov prit ensuite l'habitude de lui lire toutes les œuvres poétiques de Hugo : *Les Feuilles d'automne*, *Les Chants du crépuscule*, *Les Voix intérieures…* Et Brifaut, qui l'interrompait parfois par de grands éclats de rire devant les extravagances du poète, plongeait le plus souvent dans un état de mélancolie envieuse que son secrétaire ravivait, nourrissait et entretenait comme un feu. Il suggérait insidieusement que Victor Hugo avait été mal jugé et qu'il était peut-être temps de reconnaître son génie.

Un événement tragique précipita le rétablissement de la censure. À l'occasion d'un anniversaire de la Révolution, le 28 juillet 1835, un attentat visant Louis-Philippe fit dix-neuf morts en plein Paris. Thiers, alors ministre de l'Intérieur, fit immédiatement voter une série de lois répressives : une trentaine de journaux républicains furent interdits et la censure dramatique restaurée. La nouvelle Commission d'examen fut composée, sur le modèle de l'ancienne, de cinq fonctionnaires (mais aucun homme de lettres) chargés d'encadrer tous les théâtres français, réprimer tous les excès et tous les débordements, prévenir les grivoiseries, les sous-entendus, les peintures de mœurs libertines, réinventer le délit de blasphème, interdire les satires politiques, surveiller les allusions aux embarras du jour, encadrer les costumes et les uniformes, exclure de toutes les scènes l'argot, les clowns, les marionnettes, les Juifs, les prêtres défroqués, le crime plaisant, la politique internationale, les représentations aristophanesques de personnalités, le gendarme grotesque, et surtout les élèves de Saint-Denis car le grand chancelier de la Légion d'honneur avait fait remarquer, avec justesse et bon sens, que le théâtre ne devait pas calomnier ces malheureuses enfants, ces orphelines de guerre, ces pauvres filles de légionnaires auxquelles l'État dispensait pourtant une éducation ménagère si généreuse.

À cette époque précisément, les douleurs aux yeux de Brifaut lui donnèrent quelque répit. Kovaliov prit l'habitude chaque soir de lui ôter ses bandages et de soigner les paupières et les cornées afin de les accoutumer à la lumière. Sa vision ne revint pas aussitôt, mais il finit malgré tout par distinguer quelques formes. Il fit appel à un oculiste pour qu'il mesurât ses progrès et lui fabriquât des lunettes. Au bout de quelque temps, si la lecture exigeait de lui un effort presque insurmontable, il réussit quand même à écrire.

Kovaliov l'incita alors à profiter de cette convalescence inespérée pour se remettre lui-même au travail. S'il comptait encore sur une déroute des romantiques, il était temps pour Brifaut de montrer à tous l'étendue de son génie. Il avait, disait Kovaliov pour le convaincre tout à fait, une telle *expression*, une telle *sublimité de style*, que c'était un vrai gâchis que de ne pas mettre à profit ce temps, cette liberté, cette vacation pour écrire. D'abord Kovaliov se montra doux, encourageant, applaudissant le moindre de ses alexandrins. Puis, il fut plus directif et moins souple. Il imposa à son maître l'achèvement de sa *Rosamonde* autrefois entreprise. Et comme la santé de Brifaut déclinait et que son œuvre n'avançait pas assez vite, il le persuada de se forcer un peu chaque jour, de s'essayer, d'opiniâtrer, et même de produire *à l'heure* un certain nombre de vers et d'hémistiches. D'abord vingt. Puis trente. Parfois même, parce que sa *Rosamonde* n'en finissait pas et que Kovaliov n'en était jamais satisfait, il l'enferma de force dans sa chambre pour ne revenir qu'au bout d'une heure ou deux récolter le fruit de son travail. L'ancien copiste le jugeait impitoyablement et exigeait que Brifaut se remît à l'ouvrage jusqu'à ce que la chose fût améliorée. Malgré toutes les tentatives de Kovaliov et tout son acharnement, l'œuvre lui paraissait toujours médiocre et ne valait décidément rien. Tyrannisé, en proie à des terreurs de plus en plus violentes, Brifaut abandonna, se convainquit de sa nullité et finit par devenir l'ombre de lui-même. Les domestiques, qui s'étaient un temps émerveillés de l'énergie retrouvée de leur maître, s'inquiétèrent de ses rechutes, de ses fureurs incontrôlées, de ses démences dont le voisinage commençait à se plaindre. De temps à autre, il reprenait un peu de vigueur en s'emportant par exemple contre l'immoralité des ouvrages romantiques, mais celle-ci se transformait rapidement en rage, surtout depuis que la censure avait accepté *Ruy Blas.* Kovaliov, qui était un peu l'oracle du ministère, avait beau l'avertir de l'accord obtenu par Hugo, Brifaut n'en démordait pas : la nouvelle Commission allait nécessairement l'interdire…

— Si la censure autorise la pièce, c'est le public lui-même, notre cher public parisien, qui se chargera de la faire tomber !

Ce à quoi Kovaliov répliqua :

— Oui, elle tombera… et se relèvera quarante fois de suite !

Ruy Blas fut en effet un succès. Brifaut le vécut comme un nouveau camouflet, mais aussi comme une trahison de la part de Kovaliov. L'ancien copiste lui faisait en effet sentir que rien ne pouvait égaler le génie de Hugo. Et ces paroles le rongeaient d'autant plus qu'elles le ramenaient à sa propre impuissance : il n'écrivait plus.

C'est à cette époque que Kovaliov commença à espacer ses venues sans donner la moindre explication. Brifaut aurait dû en être soulagé d'autant que Kovaliov ne s'adressait plus à lui qu'avec rudesse, sans respecter les formes ni les usages, le malmenant, le houspillant toujours, vantant insidieusement les œuvres de Dumas ou de Nerval. Mais Brifaut, qui n'avait plus d'autre confident que lui, d'autres oreilles au ministère que les siennes, quémandait ses visites comme un chien fidèle à son maître.

En 1845, Kovaliov lui annonça sans ménagements, qu'ayant dû réintégrer la Commission d'examen il n'aurait plus le loisir de revenir. L'état de Brifaut empira subitement. Aussitôt, son petit cercle de courtisans qui entrevoyaient déjà sa fin se pressa autour de lui avec une assiduité urgente et suspecte.

— Est-ce bien ici que loge celui que l'on remplace ? crut-il entendre un jour depuis le couloir.

Brifaut se vit soudain des ennemis partout et se convainquit que tous espéraient sa mort. Étrangement, cela lui rendit aussi quelques forces. Il prit une décision : fermer définitivement les portes de son salon. Il n'invita plus que de rares amis et mit plus de dix ans à mourir. Il aurait même pu vivre davantage si un mystérieux événement n'avait pas accéléré sa disparition.

Un soir, il reçut, c'était à la tombée du jour, dans cet interstice du temps où le monde venait de prendre congé, le laissant seul recouvrer ses forces et ses esprits, une lettre. La chose n'était pas inhabituelle mais le moment, lui, était singulier. On réservait d'ordinaire la correspondance au matin. Aussi Brifaut la tint-il quelques instants entre ses doigts gourds, tâchant en vain d'en reconnaître les chiffres ou le cachet ; puis ne se rappelant ni les uns ni l'autre, l'ouvrit en sourcillant, ajustant de la main gauche ses deux lorgnons. Quelqu'un le mandait sur-le-champ. Ses mains tremblèrent. Et, peut-être moins par faiblesse de vue que par dénégation, il dut s'y reprendre à plusieurs fois pour reconnaître la signataire. Qui aurait pu imaginer que Mlle Geoffroy songeait encore à lui ? La chose, écrivait-elle, était de la plus grande importance. Elle ne pouvait toutefois en dire davantage et l'attendait le soir même.

Brifaut savait, pour bien connaître ses gens, que personne ne l'autoriserait à quitter les lieux à cette heure avancée, le vent glacial, la chaussée humide et la vue basse. Il devrait donc se passer de leur permission. Mais les domestiques heureusement ne s'en inquiétaient pas, accoutumés qu'ils étaient à sa prudence. Aussi personne ne prêta attention au cabriolet qui traversa la cour en coup de vent. Lancé à bride abattue à travers les rues de Paris, l'attelage aveuglé par l'impatience de l'académicien éclaboussait sur sa gauche et sa droite tous les piétons et tous les boutiquiers. « Gare ! » lui criait-on sur son passage. Lorsque celui-là, parvenant en trombe au quai Voltaire, heurta enfin une procession du mercredi des Cendres, des suisses se précipitèrent sur lui, criant plus fortement encore : « Gare ! Écartez-vous ! » Ils tirèrent alors avec humeur les chevaux par la bride et les frappèrent de leur canne. Mais Brifaut, inconscient de l'affolement qu'il était en train de semer, tout entier à son rendez-vous, insistait, s'indignait, prétendait de son fouet forcer le passage. Une petite foule déjà s'était rassemblée (quelques enfants de chœur, deux charretiers, un porte-croix), grossissant peu à peu, nombreuse, beuglante, encore augmentée par d'autres riverains. Tous huaient à pleins poumons le conducteur. Trois suisses furieux s'approchèrent davantage, voulant le faire descendre de force. Alors Brifaut qui tenait à conserver sa dignité se résigna avant même qu'on l'y contraigne à sauter à terre :

— Messieurs, allons ! Messieurs ! Savez-vous bien qui je suis ? Je suis Charles Brifaut de l'Académie française !

— Monsieur, répliqua l'un d'eux, vous êtes un sot et un maladroit ! Apprenez donc d'abord à conduire ! Vous nous donnerez ensuite des leçons de littérature ! Dégagez la voie !

L'âge avancé et sans doute aussi les mauvaises habitudes que lui avait données sa vie d'homme de qualité — lui qui était pourtant, comme l'écrira Sainte-Beuve, *si peu né* — excitèrent sa vanité. Il se mit à rougir et trembler. D'une main, il remit en place le bonnet de velours qui manqua de tomber.

— Mais je suis…, bégaya-t-il aveuglé par la colère, je vous répète que je suis de l'Académie française !

Les huées de la populace s'amplifièrent. Apeuré soudain par cette foule qu'il connaissait si mal et craignait plus que tout, Brifaut sentit qu'il devait la calmer par quelques explications et ajouta :

— C'est que, comprenez-vous, je suis presque aveugle…

— Eh bien, quand on ne voit rien, déclara en s'approchant de lui un brigadier, on ne conduit pas. On se fait conduire. Suivez-moi, monsieur…

Fendant la foule avec assurance, l'individu en uniforme ne prêta aucune attention au riche attelage de l'académicien, ni à ses titres. C'était un homme de devoir. Mais il ne put s'empêcher de dévisager Brifaut et jeter sur son accoutrement ridicule un regard dédaigneux. Il doutait qu'un tel interlocuteur, en bonnet et chaussons, pût être de l'Institut.

— Mais… Je dois de toute urgence…

— Il n'est pas question que vous continuiez sans cocher. Suivez-moi ! l'interrompit-il, cinglant.

Quelques rires fusèrent du côté des enfants. Brifaut recula, effrayé par un vinaigrier édenté, et régressa à tâtons vers son attelage.

— Non, pardonnez, non ! On m'attend tout à l'heure !

Il fit mine alors de grimper sur son cabriolet.

— Ah çà, monsieur, vous ne remonterez pas !

Le gendarme venait de le prendre par le collet. Brifaut, l'honneur bafoué, le fixa longuement de ses yeux vagues, relevant sa tête d'un geste altier, et le pointa cavalièrement :

— Vous vous repentirez, monsieur, d'avoir osé tenir tête à un académicien !

— Vous vous repentirez, monsieur, d'avoir osé menacer un agent de police…

Brifaut venait de commettre une seconde erreur. Il comprit surtout qu'en s'attaquant au gendarme il prenait le risque de manquer, définitivement peut-être, Mlle Geoffroy. Il adoucit soudainement la voix et ajouta fébrilement, d'un air patelin :

— Allons, allons, mon brave, ne nous emportons pas. On peut se comprendre entre gens de bonne compagnie. Il se fait que ma course est si urgente que…

Soudain, un homme surgit, fringant, le geste naturel et distingué, en frac et chapeau, en vrai personnage de roman. Il s'avança vers eux. La petite foule, intimidée par l'allure du monsieur dont tout indiquait la qualité, céda le passage :

— Mais enfin, de quoi s'agit-il ?

— Oh, c'est vous, monsieur le comte ? s'écria le brigadier en le reconnaissant.

Brifaut, intrigué, s'approcha. Il le vit chuchoter quelques mots à l'oreille du gendarme qui demanda aux suisses de dégager la voiture puis déclara d'une voix blanche :

— C'est bon. Vous pouvez circuler.

Lorsque Brifaut voulut remercier son bienfaiteur, il faillit chanceler :

— Kovaliov !

— Brifaut ! Que faites-vous ici et à cette heure ?

— Mais… mais… Depuis quand êtes-vous comte, je vous prie ?

Il s'avança encore pour mieux le voir et le fixa avec cette impression terrifiante de le découvrir pour la première fois. Il avait toujours eu le sentiment d'avoir affaire à un même et un autre, à un être étrange et familier. Il admira cette fois l'élégance de son port et s'arrêta sur son nez, un nez fin, délicat, aristocratique, presque féminin, auquel il n'avait jamais prêté attention. Un comte ? Ses yeux tombèrent soudain sur ses deux gants rouges, ceux de la rue Vendôme, de la soirée de Brunoy, et Brifaut comprit que Kovaliov n'avait jamais cessé d'être là, entre lui et Mlle Geoffroy.

La foule hostile s'était avancée dangereusement. Rester ou partir ? Entre sa curiosité, son désir de vengeance et sa couardise naturelle, Brifaut hésitait. Lorsque le vinaigrier tendit vers lui une main calleuse et menaçante, il prit peur, craignit d'être sali et grimpa aussitôt dans son cabriolet.

La voiture disparut dans la nuit, au milieu des huées.

Arrivé à la hauteur de la bibliothèque de l'Arsenal, il descendit et s'engouffra dans l'immeuble où Mlle Geoffroy disposait d'un appartement. En gravissant l'escalier, fatigué, à moitié aveugle, encore irrité par sa récente aventure, il eut l'impression que ce lieu étrange et baroque avait été presque inventé pour lui. Il atteignit enfin une porte qui s'ouvrit sans peine. Personne ne le reçut. Brifaut fureta tout autour de lui et le désordre des lieux l'intrigua désagréablement. Il s'était attendu à un intérieur net et arrangé, et il découvrait un salon libre, hostile et négligé.

Mlle Geoffroy apparut enfin dans l'antichambre. Elle s'avança vers lui, le salua familièrement comme si elle l'avait quitté la veille, le trouva singulièrement vieilli, le lui signifia, se moqua de son bonnet de velours, de sa pelisse fourrée et de ses petits chaussons de Limoges, puis ajouta en riant : « Et vous n'êtes pas non plus un modèle de ponctualité ! » Brifaut ne s'en offusqua pas et sourit même intérieurement de sa récente aventure. À la belle voix de Mlle Geoffroy qu'il aurait reconnue entre toutes, la première impression se dissipa aussitôt. Comment aurait-elle pu imaginer qu'il avait failli manquer son rendez-vous ? Elle était décidément délicieuse avec ses manières provocantes, cette séduction dédaigneuse, sa brutalité ravissante et désagréable à la fois. Ne l'avait-elle pas invité à venir ? Ne lui avait-elle pas écrit qu'elle avait *besoin de lui* ? N'était-elle donc pas tout à fait charmante ?

Arrivée à sa hauteur, il put enfin la contempler. Mais la surprise manqua de le faire trébucher. Elle n'avait presque pas vieilli. De sa beauté ancienne, elle avait conservé le même regard, la même pâleur, le même sourire énigmatique où se creusaient à la commissure à peine quelques rides. La blondeur de ses cheveux s'était un peu ternie avec le temps mais elle les cachait sous une coiffe bleue avec une coquetterie si savante qu'on n'y prêtait aucune attention. Il la considéra avec admiration et la suivit jusque dans le salon.

Là, il jeta tout autour de lui des regards myopes et confus, et crut remarquer que l'ensemble était constitué d'un bric-à-brac étrange de meubles et de bimbeloterie mal assortis. À côté du siège qu'elle lui tendit, le plateau d'une magnifique écritoire offerte par quelque souverain était vermoulu, et à ses pieds s'étalaient des tapis persans élimés. Tandis que ses yeux revenaient sans cesse à elle, il se souvint de la délicatesse de ses robes et de ses manières, la revit de dos à la Comédie-Française, puis au bal, puis à Brunoy, puis au ministère, puis nue dans le rôle d'Émine, et ne l'imagina plus qu'ainsi, malgré la confusion et la honte que lui causait cette dernière vision, assise en face de lui comme au premier jour, glorieuse et resplendissante.

Devant elle, il devint tout à fait sot.

— Vous m'avez mandé, madame… que ne l'avez-vous fait plus tôt ? J'ai tant guetté une réponse de vous… Ce *Faust* était…

— Si ce n'était que ce *Faust*-là, oui, si ce n'était que cela… Mais vous m'avez déçue. Je ne m'étais pas attendue à une telle trahison, non, jamais je n'aurais envisagé qu'un ami fût infidèle à ce point.

— Une trahison ? Un ami ? Oh ! Comme le mot semble doux lorsqu'il émane d'une bouche si céleste… Prononcez-le encore. Non, non, ne le dites plus ! Je ne le mérite pas ! Enfin, si ! Ce n'était pas vraiment moi. C'était la colère qui parlait à ma place… Qu'ai-je commis ? Une trahison ? Éclairez-moi. (Et se citant lui-même, il ajouta :) *Il arrive une heure où la lampe, faute d'huile, ne jette plus que de faibles clartés…*

Il balbutia encore quelques paroles inintelligibles puis, s'agenouillant devant elle dans une expression théâtrale et mélodramatique, il ajouta solennellement, mi-Sganarelle mi-Christ :

— *Dites et je vous répondrai. Demandez et je vous donnerai. Châtiez et je me repentirai.* (Et se remémorant le plus bel extrait de sa *Rosamonde*, il paracheva sa tirade :) Maintenant que *j'ai amarré ma modeste nacelle à vos rivages enchantés, je serai pour vous une oreille dévouée.*

Alors, elle eut une expression étrange, dans laquelle se mêlaient l'amusement, le mépris et même une forme de méchanceté, se redressa promptement et se dirigea vers la cheminée. La curiosité le fit se relever aussi. Elle souleva le manuscrit qu'elle y avait déposé, puis le porta jusqu'à lui.

Frappé par le sourire énigmatique de Mlle Geoffroy et qu'il ne lui connaissait pas, Brifaut prit le texte avec circonspection. Elle lui exposa la chose : c'était une petite comédie anonyme en trois actes intitulée *Le Moine*. L'ancien inspecteur se réveillait en lui. Son pouls s'éleva. Un prêtre ? Encore ? Brifaut avait à l'égard de cette mode nouvelle qui voulait que, depuis le succès de *Notre-Dame de Paris*, l'on multipliât sur les scènes les prêtres immoraux, fornicateurs et assassins, les plus grandes réserves. Il planait sur la ville un souffle d'irréligion qui suscitait, allumait, attisait, faisait s'embraser toutes les fureurs du peuple. Et cette comédie, fût-elle remise par les mains célestes de Mlle Geoffroy, compromettrait elle aussi la sérénité du public… Mais sa colère s'apaisa aussitôt lorsque ses regards se posèrent sur elle, et sentant à cet instant que ses désirs à elle ne dépendaient que de lui, il sourit, désarmé, presque dompté, puis enquêta d'un ton bienveillant.

— En quoi puis-je vous être utile et de qui tenez-vous cela ?

— Peu vous importe de qui je le tiens, lui rétorqua-t-elle sèchement, signifiant par là que l'intérêt de l'objet ne résidait pas là. (Puis adoucissant sa voix sans reprendre son souffle, elle ajouta :) Je vous avais envoyé ce manuscrit, il y a longtemps de cela… Vous rappelez-vous ?

— Vous ? Comment ? Mais je…

Brifaut n'avait pas reçu la pièce et pour cause : elle n'était jamais arrivée jusqu'à lui.

— Je comptais sur votre diligence, votre bienveillance, votre expertise, en un mot, je me fiais à vous ! Et puis quoi ?

s'exclama-t-elle en feignant de bouder, j'apprends que jamais, non, jamais, vous ne l'avez examiné ? Vous ?

L'ancien censeur secoua la tête, offusqué de se voir ainsi attaqué, se désignant même de la main comme pour s'exonérer par avance de ces accusations.

— Et que vous avez même… oh, ne le niez pas ! Je le sais de source sûre… que vous avez même tenté de le brûler ?

Brifaut partit alors d'un grand rire :

— Le brûler ? Qui donc a bien pu vous rapporter de telles sottises ? D'ailleurs, si je suis si coupable, la chose tient de la sorcellerie ! Comment se fait-il qu'elle ne soit pas… ?

La pièce était cousue, reliée, intacte. Elle était neuve ! Et pas une page ne manquait… Mais Mlle Geoffroy, sûre de son fait, aveuglée comme le sont tous les raisonneurs de mauvaise foi, s'exclama triomphalement :

— … abîmée ? Alors, vous ne niez même pas ? Les rumeurs ont donc un fond de vrai ? Que dois-je comprendre ? Que vous êtes revenu au temps de l'Inquisition ? C'est cela ? Certains prétendent même qu'à la nuit tombée, ceux que vous ne brûliez pas, vous les dérobiez !

— Moi ? Jamais, je…

— … Que ceux de Victor Hugo se sont volatilisés…

Brifaut ne pouvait nier qu'il possédait encore chez lui la copie de *Marion de Lorme* et celle d'*Hernani*. Mais étrangement, alors même que ces accusations en partie fondées auraient dû le blesser, Brifaut se sentit flatté d'être l'objet de tant d'attentions. Elle aurait pu le gifler, le mettre à la porte, le proscrire, il l'en aurait remerciée. Ne songeant plus qu'à son amour, allant même jusqu'à oublier ses récriminations, il dévia le fil de la conversation et reprit avec une douceur presque douloureuse :

— Et pourquoi n'avez-vous glissé dans le pli la moindre lettre ? Pourquoi ne l'avez-vous pas signé ? Pourquoi ? Si j'avais su que l'envoi venait de vous… mais j'aurais…

— Je vous croyais plus impartial et moins partisan ! rétorqua-t-elle. Qu'importe le signataire ! Que le manuscrit vienne de moi ou d'un autre, quelle différence ? L'œuvre achevée change-t-elle pour autant de vocation ? Auriez-vous été plus tendre avec un autre que Hugo ? Plus sévère avec une autre que moi ? Mais quelle espèce de censeur étiez-vous donc ?

Brifaut ne répondit pas. Il devait admettre que la censure avait été en son temps, pour les partisans du roi surtout, moins impartiale qu'il ne le prétendait… Ses yeux cherchèrent appui sur un objet de la pièce dans l'espoir d'y trouver un soutien mais rien ne vint le consoler. L'image même de Kovaliov s'imposa subitement à lui. Il le revit nettement étreindre le corps presque inerte de Mlle Geoffroy, les gants rouge sang tenaillant sa taille. Son amour-propre se raidit et le rendit agressif. Il se mit à songer à ces séances de travail forcé, à ce dénigrement, cette brutalité, ce mépris, à ce nouveau titre de comte qu'il ne méritait pas. Cet homme décidément était la cause de tout.

— Maintenant, c'est assez ! Je vois que vos espions vous ont dressé de moi un fort joli tableau ! Eh bien ! Est-ce encore l'œuvre de Kovaliov ? Car c'est bien de lui, n'est-ce pas, qu'il s'agit ? D'ailleurs, en quoi ce manuscrit vous intéresse-t-il ? En êtes-vous l'auteur ?

Ce ton surprit Mlle Geoffroy.

— Qui donc ?… Moi ? l'auteur ? non, non, Dieu m'en garde. J'ai déjà fort à faire ! Non. L'auteur est… justement, voyez-vous, l'auteur m'est cher, très cher. Et moi qui avais mis tant d'espoirs en vous…

— Qui donc, alors ?

— Mais…

— Ha ! Ha ! Qui ?

Tandis qu'une flamme traversait le regard brûlant de Brifaut, elle recula.

— Mais vous êtes…

— Vous ne répondez pas ? Hé, mais je sais bien, moi, qui est à l'œuvre derrière tout cela ! Et vous le connaissez aussi bien que moi ! D'ailleurs, ne l'ai-je pas toujours deviné ? Ne l'ai-je pas toujours su ? C'est Kovaliov !

— Qui donc ? Jamais je…

— Oui ! Oui, à n'en pas douter, c'est lui ! Lui !

Brifaut, qui s'était imaginé devoir affronter toutes sortes de dénégations ou de mensonges, s'apprêtait déjà à bondir, lorsque Mlle Geoffroy s'approcha de lui et lui pressa amoureusement les deux mains :

— *Mon cher ami*, je voudrais tant vous éclairer… Mais je ne puis malheureusement vous en dévoiler l'auteur.

— Et pourquoi pas ?

— C'est que… c'est qu'il est de notre parti…

— De *notre* parti ? Que signifie cela ?

— Je veux dire que c'est un… qu'il est de l'école romantique.

— Romantique ? *Notre parti* ? Vous vous moquez ? Et depuis quand serions-nous romantiques ?

— *Nous*… Je ne sais pas. Mais moi… je le suis depuis toujours. Enfin… je craignais… Charles ! *Très cher, Charles.* Ne me connaissez-vous pas bien ? Et ne suis-je pas un peu votre amie ?

— Vous disiez justement tout à l'heure que vous ne l'étiez plus…

— Mais je vous aiguillonnais, voyons ! Je vous taquinais ! Que croyez-vous donc ? Que je ne songeais plus à vous ? Je sais quel prix vous accordez à l'amitié.

Elle s'approcha alors de son oreille et chuchota d'une voix flatteuse :

— Je crois savoir que vous avez encore quelque influence sur la nouvelle Commission. Et depuis *Faust*, vous me devez un peu réparation…

— Si la pièce est de Nerval, je crains que vous ne deviez compter sur un autre…

— Elle n'est pas de lui.

— Ne me dites pas qu'elle est de ce Hugo ?

— Que vous importe l'auteur, si je m'en porte moi-même garant ? Ne vous inquiétez pas. J'en prends toute la responsabilité…

— Est-elle de Hugo ?

— Que vous importe, vous dis-je. Allons, très cher Charles, il vous suffit d'en toucher un mot. Un seul. Vos nouveaux confrères sauront vous entendre, j'en suis certaine… Vous avez toujours eu une telle ascendance, une telle autorité… Ne me faites pas un second *Faust*…

Elle s'approcha encore, susurrant à son oreille des paroles câlines et pressantes, puis laissa tomber comme un spasme ces derniers mots :

— Dites oui…

Tandis qu'elle se penchait vers lui, frôlant presque ses lèvres, et que son visage fatigué effleurait son épaule, ses yeux plongèrent dans l'obscurité qui s'offrait derrière elle et s'arrêtèrent sur le manteau de la cheminée. Alors, sans bien comprendre pourquoi, son regard se brouilla. Il crut voir une tache colorée, une tache familière, inquiétante, animée, qu'il ne reconnut pas aussitôt. Mais au moment où les mots de la comédienne s'introduisaient en lui comme un doux venin, lénifiant et sucré, qui paralysait tout son corps, il eut encore la force de plisser les paupières. Entre deux bibelots, il crut discerner la paire de gants rouges de Kovaliov. Brifaut tenta de reculer sa tête et jeta à droite et à gauche des regards terrifiés. Il fixa alors Mlle Geoffroy comme pour la sonder et lire sur son visage un début d'explication. Mais sous ses yeux, ceux de la comédienne, transparents, inoffensifs et clairs, perdirent instantanément de leur vitalité et leur pupille se dilata au point de laisser place à deux billes sombres qui ne leur ressemblaient plus. Brifaut l'observa avec gravité. Jamais il ne l'avait vue de si près. Derrière ses jolis yeux de poupée mécanique, il venait de déceler autre chose, une lueur nouvelle, ombrageuse, malfaisante. Soudain, son visage tout entier se métamorphosa. Celle qu'il tenait entre ses mains n'était plus Mlle Geoffroy, mais une autre… *un* autre. Kovaliov ! Ses lèvres s'approchèrent alors des siennes… Quel était ce nouveau maléfice ? Qui était donc cette personne qui se tenait là devant lui et qui s'apprêtait à lui offrir un baiser ? D'effroi, Brifaut recula la tête. Ses yeux se posèrent alors sur les deux mains pâles et graciles de la jeune femme, il s'arrêta longuement sur ses paumes, en observa les lignes qui, comme des cartes, traçaient des voies, des routes, des chemins inconnus, prometteurs, d'autres décourageants comme des impasses, puis les referma délicatement comme s'il eût espéré en préserver l'inviolable secret. Il les serra soudain très fort, les broyant presque, et les porta à ses lèvres. Le manuscrit qu'il avait calé sous son bras tomba alors à ses pieds.

Aussi, d'une voix blanche qu'il ne reconnut pas, la comédienne répéta-t-elle une nouvelle fois :

— Dites oui…

Brifaut, qui avait gardé les yeux baissés, s'arma de courage et la considéra une dernière fois. Un rictus semblait déformer son beau visage et deux yeux comme superposés à sa chair, distincts de sa personne, fabriqués, presque cousus, le défiaient. Qui était-elle ? Avait-il tout ce temps rêvé cette femme ? Il ne voyait plus que Kovaliov. Alors, lentement, il caressa sa gorge offerte, enserra son cou très fin entre ses deux mains puis, gagné par une envie irrépressible de faire disparaître de ce visage ce sourire maléfique, le pressa vigoureusement de ses deux pouces. Malgré sa faiblesse, il réussit en cet instant à puiser une force insoupçonnée. Il l'étrangla. Étrangement, elle ne se débattit pas. Sans un mouvement, la vie quitta les deux yeux de Mlle Geoffroy et un cri strident qui ne sortit pas de sa bouche, un cri d'outretombe, venu de nulle part, déchira le silence des lieux.

Brifaut se retourna alors, sûr de surprendre quelqu'un. En relâchant la pression, le corps étrangement lourd de Mlle Geoffroy tomba sur le plancher dans un grand fracas de ferrailles, de ressorts et de pièces métalliques. Des membres cassés, disloqués, désarticulés, jonchèrent le sol. Brifaut retint un cri entre ses deux mains. Était-ce encore là le fruit de ses illusions ? Mlle Geoffroy n'avait-elle jamais été qu'une poupée à ressorts ? Une chimère ? Il chercha une dernière fois du regard la paire de gants rouges. Elle avait disparu. Il était donc fou ? Cela était impossible ! Il aurait pourtant juré... Alors, dans sa hâte, il ramassa le manuscrit et courut vers la porte. Sur le seuil, il se retourna une dernière fois en direction du corps inerte mais à la place de ses yeux transparents, il crut deviner deux cavités profondes...

Comme un forcené, Brifaut descendit l'escalier, serrant frénétiquement le manuscrit, comme la preuve tangible, ultime, manifeste, de sa raison et de sa lucidité. Fiévreux et transi de froid, il monta en tremblant dans sa voiture et ses chevaux détalèrent à bride abattue, sans maître ni guide.

Personne ne sut comment Brifaut, dans la nuit la plus complète, aveugle et éperdu, était parvenu à retrouver le chemin de la rue du Bac. Dans ses dernières heures, il délira, prononça des paroles inaudibles, sembla soudain se réveiller, se rappelant avec une vigueur inattendue l'existence de ce mystérieux manuscrit que ses domestiques recherchèrent partout en vain, appela une dernière fois Mlle Geoffroy puis s'éteignit.

Il mourut, racontera un académicien, « si oublié qu'à ses obsèques les Parisiens s'étonnaient : *Quoi, disaient-ils, Brifaut était encore vivant ?* Vivant, ajoutera-t-il encore, il l'était si peu que, lorsque Jules Sandeau fut appelé à ce même fauteuil, Méry, s'adressant à lui, dit malicieusement :

« — Vous allez prononcer l'éloge de Brifaut ? Méfiez-vous, mon cher ; on vous tend un piège : ce Brifaut n'a jamais existé. »

D'autres cependant furent moins médisants. Lamartine, qui avait encore en mémoire ce courtisan jovial, habile et inévitable, eut ce joli mot : « Hier, nous avons perdu M. Brifaut qui a eu si peu de chose à faire pour passer à l'état d'ombre. »

Brifaut fut enterré au cimetière parisien sud, dans la 14e division, 2e ligne sud, nº 45 par l'est, d'après la fiche de la préfecture de la Seine. Quelques années plus tard, le conservateur du cimetière Montparnasse fera remarquer à l'exécuteur testamentaire de Brifaut — dont nous ignorons l'identité, certains parlent de Baptiste, d'autres de Kovaliov, quant à nous qui n'en savons rien, nous préférons nous taire — que la stèle « était couverte de mousse, l'inscription à peine lisible et la grille à moitié brisée ».

Ce roman est très librement inspiré de l'histoire de Charles Brifaut, de son travail à la Commission d'examen, de ses procès-verbaux, de la guerre qu'il a menée contre les romantiques et notamment Hugo. *Souvenirs d'un académicien* de Charles Brifaut, *Soixante ans de souvenirs* d'Ernest Legouvé et *Histoire de la censure théâtrale en France* de Victor Hallays-Dabot en sont les trois principales sources.

Quant aux autres personnages, Baptiste, Wagner, Mlle Geoffroy et les autres, ils sont inventés. Kovaliov, lui, est tout droit sorti du *Nez* de Gogol auquel nous empruntons le nom.

Composition Dominique Guillaumin.
Achevé d'imprimer
sur Roto-Page
par l'Imprimerie Floch
à Mayenne, le 8 juin 2015.
Dépôt légal : juin 2015.
Numéro d'imprimeur : 88509.
ISBN 978-2-07-014987-2 / Imprimé en France.

288246